Frauke Schüder / Iris Wollenheit

Lernstationen Weihnachten

Differenziertes Material zu vier Wochenthemen für Schüler mit geistiger Behinderung

Persen
Persen Verlag

Gedruckt auf umweltbewusst gefertigtem, chlorfrei gebleichtem und alterungsbeständigem Papier.

1. Auflage 2011

Illustrationen: Jennifer Spry, Fides Friedeberg (Piktogramm Nase S. 49), Mele Brink (Kerze unten rechts S. 77)
Satz: Satzpunkt Ursula Ewert GmbH, Bayreuth

ISBN 978-3-403-**23095**-3

www.persen.de

Vorwort

Liebe Kolleginnen und Kollegen,

diese Materialsammlung soll Förderschullehrkräften, die Schülerinnen und Schülern mit einer geistigen Behinderung unterrichten, vielfältige Unterrichtsangebote zum Themenfeld „Advent – Vorweihnachtszeit – Weihnachten“ zur Verfügung stellen und sie inspirieren.

Das vorliegende Material wurde mit dem Ziel zusammengestellt, für die Zeit vom 1. Advent bis zum letzten Schultag vor den Weihnachtsferien fächerübergreifend zu arbeiten und dabei inhaltlich weihnachtliche Themenbereiche (Advent, Weihnachtsbäckerei, Lichterglanz, Vorfreude auf Weihnachten) aufzugreifen und mit den Schülerinnen und Schülern zu behandeln. Die Materialsammlung enthält Angebote aus den Bereichen Deutsch, Mathe, Kunst, Hauswirtschaft, soziale Beziehungen (Spiele).

Das Material soll Lehrern die Möglichkeit geben, ohne viel Aufwand einer heterogenen Lerngruppe differenzierte Angebote bereitzustellen. Dabei sollen möglichst alle Schülerinnen und Schüler ihren individuellen Lernvoraussetzungen entsprechend weitestgehend selbstständig damit arbeiten können. Dementsprechend haben wir Differenzierungen und Abstufungen in der Umsetzung der Arbeitsaufträge vorgenommen.

Wir wünschen Ihnen viel Freude und Erfolg bei der Auswahl der Materialien und bei der Durchführung mit Ihren Schülerinnen und Schülern.

Frauke Schüder und Iris Wollenheit

Aufbau der Materialsammlung

Die vorliegenden Kopiervorlagen und Unterrichtsideen gliedern sich in vier große Wochenthemen:

- Advent
- Weihnachtsbäckerei
- Lichterglanz und Kerzenschein
- Vorfreude auf Weihnachten

Jedes Wochenthema beinhaltet:

- 1 Stationenarbeit mit jeweils 4 Stationen

 Deutsch  Mathe

 Kunst  Wahrnehmung

- 2–3 Zusatzangebote aus den Bereichen Kunst, Spiel, Hauswirtschaft

Jeder Lehrer kann für sich entscheiden, ob er das ganze Material und somit alle Angebote nutzen und durchführen möchte oder ob er sich nur Teile herauszieht und sie mit seiner Lerngruppe behandelt. Das Material ist so konzipiert, dass alle Angebote unabhängig voneinander durchgeführt werden können, d. h., die Themen bauen nicht aufeinander auf, sondern sind durchaus losgelöst voneinander zu nutzen.

Das Material stellt eine Mischung aus der Förderung und Festigung von kognitiven Inhalten (Kulturtechniken) sowie aus handlungs- und produktorientierten Angeboten aus den Bereichen Basteln und Hauswirtschaft dar. Weiterhin haben wir einige Spielideen mit in das Werk aufgenommen, welche aus unserer Sicht mit heterogenen Lerngruppen gut umzusetzen sind.

Für die Stationenarbeiten sollte eine Doppelstunde (90 Minuten) eingeplant werden. Durch recht abwechslungsreiche Angebote fällt es den Schülern auch nicht sonderlich schwer, so lange am Stück zu arbeiten. Für die Zusatzangebote aus dem Bereich Hauswirtschaft ist ausreichend Zeit einzuplanen, auch hier eignet sich eine Doppelstunde am besten.

Die Gruppenspiele sind in einer kürzeren Zeitsequenz zu schaffen, eine Einzelstunde oder weniger reicht hierfür aus.

Leistungsdifferenzierung

Die Arbeitsmaterialien sind alle für maximal vier verschiedene Leistungsniveaustufen konzipiert. Wir haben eine Unterteilung vom stark beeinträchtigten Schüler, der vorwiegend auf der basalen Ebene lernt und arbeitet, bis hin zu leistungsstarken Förderschülern mit dem Schwerpunkt Geistige Entwicklung vorgenommen, um ein vielfältiges Angebot anzubieten.

Gruppe 1: Schüler/-innen, die handlungsorientiert arbeiten, basale Angebote benötigen und teilweise starke Beeinträchtigungen und somit einen hohen Assistenzbedarf haben

Gruppe 2: Schüler/-innen, die Bilder lesen können, einige Buchstaben kennen, Schreibanfänger sind, im Zahlenraum bis 10 rechnen

Gruppe 3: Schüler/-innen, die alle Groß- und Kleinbuchstaben kennen und schreiben können, erste Lesefähigkeiten erworben haben, im Zahlenraum bis 50 rechnen

Gruppe 4: Schüler/-innen, die über Schreib- und Lesefähigkeiten verfügen, im Zahlenraum bis 100 und darüber hinaus rechnen und auch schon mit der Multiplikation vertraut sind

Wir haben insbesondere bei den Stationenarbeitsangeboten für alle vier Leistungsgruppen entsprechendes Material und Ideen zur Umsetzung entwickelt, welches durchaus noch erweitert werden kann und auf die eigene Lerngruppe individuell abgestimmt werden muss.

Für die Umsetzung der Unterrichtsideen werden teilweise weitere Materialien als die Kopiervorlagen benötigt, z. B. Realgegenstände, Stempel, Farbe, Bastelmaterialien. Eine Zusammenstellung der benötigten Materialien, insbesondere für die Arbeitsaufträge der Gruppe 1, finden Sie daher zu Beginn jedes Wochenthemas (siehe Hinweise zu Materialien, Vorbereitung und Lernaktivitäten).

Hinweise und Tipps

Erstellen einer Weihnachtsmappe

Falls Sie vorhaben, das gesamte Werk über 4 Wochen mit den Schülern zu bearbeiten, bietet es sich an, eine Mappe von den Schülern anlegen zu lassen, in der sie im Laufe der Weihnachtszeit ihre Arbeitsergebnisse und -dokumente sammeln. Am Schluss dient die Mappe allen als schöne Erinnerung an das Projekt.

Einsatz von Kommunikationshilfen

Sprachausgabegeräte (Bsp. Step-by-Step, Talker) bieten eine sehr gute Möglichkeit, Schülern, die nicht sprechen können, eine aktive Beteiligung am Unterricht zu ermöglichen. Wir haben diesbezüglich Vorschläge zum Einsatz / zur Nutzung von Sprachausgabegeräten im Rahmen der Angebote gemacht (siehe Unterrichtsmaterial).

Vorbereitung der Stationenarbeit

Für die Stationenarbeiten gibt es zum einen Stationskarten für die Tische zur Orientierung (können für alle 4 Themen verwendet werden) und 4 themenbezogene Laufzettel zur Dokumentation der erledigten Aufgaben. Die Schüler sollen nach jeder bearbeiteten Station das jeweilige Symbol auf ihrem Laufzettel anmalen.

1. Stationenarbeit

Station 1: Der Adventskranz

Material:
- **Gruppe 1:** Buchstabenstempel, Adventskranz oder Realgegenstände (typische Dekorationsgegenstände für einen Adventskranz), Kopiervorlage (S. 10) vergrößern auf A3
- **Gruppe 2–4:** Kopiervorlagen (S. 11–13)

Station 2: Adventsrechnen

Material:
- **Gruppe 1:** Kerzen als Realgegenstände
- **Gruppe 2–4:** Kopiervorlagen (S. 14–17)

Aufgabenstellungen Gruppe 1:
- aus einer Vielzahl von Kerzen immer 4 gleiche raussuchen (Teelichter, rote Kerzen, grüne Kerzen, weiße Kerzen, …); Arbeitsaufträge auf Step-by-Step sprechen
- Kerzen immer in 4er Bündeln zusammenstellen
- Kerzen auf Teller oder in Kisten sortieren (immer 4)
- 4 Kerzen anzünden (Streichholz, Stabfeuerzeug)
- 4 Kerzen auspusten
- Arbeitsaufträge umsetzen, z. B.: „Gib mir ein Teelicht.“ „Gib mir eine rote Kerze.“ Arbeitsaufträge auf Step-by-Step sprechen
- Kerzen von anderen Gegenständen differenzieren (taktiles Angebot)

Station 3: Adventskranz gestalten

Material:
- **Gruppe 1–4:** Kopiervorlagen (S. 18/19) für Gruppe 1 ggf. vergrößern auf A3 oder größer; Farben je nach Bedarf

Station 4: Adventsfühlkiste

Material:
- **Gruppe 1–4:** 2 Fühlkisten; Material für die Fühlkisten: Kerze, Tannenzweig, Nuss, Zimtstange, Schleifenband, Orangenscheibe, kleiner Apfel, Streichholzschachtel (oder großes Streichholz)
- **Gruppe 2:** Bildkarten und Tabelle vorbereiten (S. 20/21), ggf. auf A3 vergrößern
- **Gruppe 3:** Wortkarten vorbereiten, Kopiervorlagen (S. 22/23)
- **Gruppe 4:** Kopiervorlage (S. 24)

Aufgabenstellungen:
- **Gruppe 1:** Schüler sollen Material in Kiste erfühlen und aus sichtbaren Realgegenstände den gleichen Gegenstand (Partner) herausfinden.
- **Gruppe 2:** Schüler sollen Material ertasten und aus Bildkarten differenzieren, welche Dinge wirklich in der Kiste sind und welche nicht. Die Bildkarten werden in eine Tabelle nach „☺ Ja" und „☹ Nein" durch Legen sortiert und aufgeklebt.
- **Gruppe 3:** Schüler sollen Material ertasten und entsprechende Wortkarten (falsche und richtige Begriffe zur Auswahl) erlesen und aufkleben.
- **Gruppe 4:** Schüler sollen Material ertasten und aufschreiben, was sie fühlen.

2. Zusatzangebote

Spiel: „Advents-Bingo"

Material:
- **Gruppe 1–4:** Spielpläne (S. 25/26) kopieren, Spielkarten (S. 27) entsprechend der Schülerzahl kopieren und laminieren, blickdichter Sack für Spielkarten
- **Gruppe 1:** ggf. 10 Kerzen (Teelichter) pro Spieler als Realobjekte zur Verfügung stellen

Spielanleitung:
- jeder Schüler erhält je nach Leseniveau einen der beiden Spielpläne, gern laminieren
- Spielkarten entsprechend der Schülerzahl in einen blickdichten Beutel legen
- Schüler ziehen reihum jeweils eine Spielkarte mit dem Ziel, möglichst als Erster alle 4 Adventskarten zu erhalten und den eigenen Spielplan komplett abzudecken
- wer als Erster alle 4 Karten hat, ruft laut „Bingo" in die Runde und hat gewonnen, das Spiel kann dann gern weitergehen
- wer eine Karte zieht, die er bereits besitzt, muss sie entweder wieder in den Beutel zurücklegen ODER schaut sich um, wer diese Karte noch nicht hat, und verschenkt sie an einen Mitschüler
- **Tipp** für Schüler mit starken Sehbeeinträchtigungen oder für die, die auf der taktilen Ebene arbeiten: für diese Schüler jeweils 10 reale Kerzen bereithalten, sodass sie ihr Spielfeld mit diesen Kerzen füllen können (Teelichter eignen sich gut)

Rezept: Adventspunsch

Material:
- **Gruppe 1–4:** Zutaten laut Rezept besorgen
- **Gruppe 1:** Stempelutensilien, Fingerfarbe, Schere (ggf. elektrisch), Kopiervorlage (S. 28)
- **Gruppe 2–4:** Kopiervorlagen (S. 29–32)

Aufgabenstellungen Gruppe 1:
- Zutatenbilder auf ein Blatt kleben, daneben Begriffe stempeln oder mit Fingerfarbe schreiben
- Herstellungspiktogramme (S. 30) größer kopieren, aufkleben, mit Arbeitsschritt 1 und 2 nummerieren (Fingerfarbe)

Laufzettel von

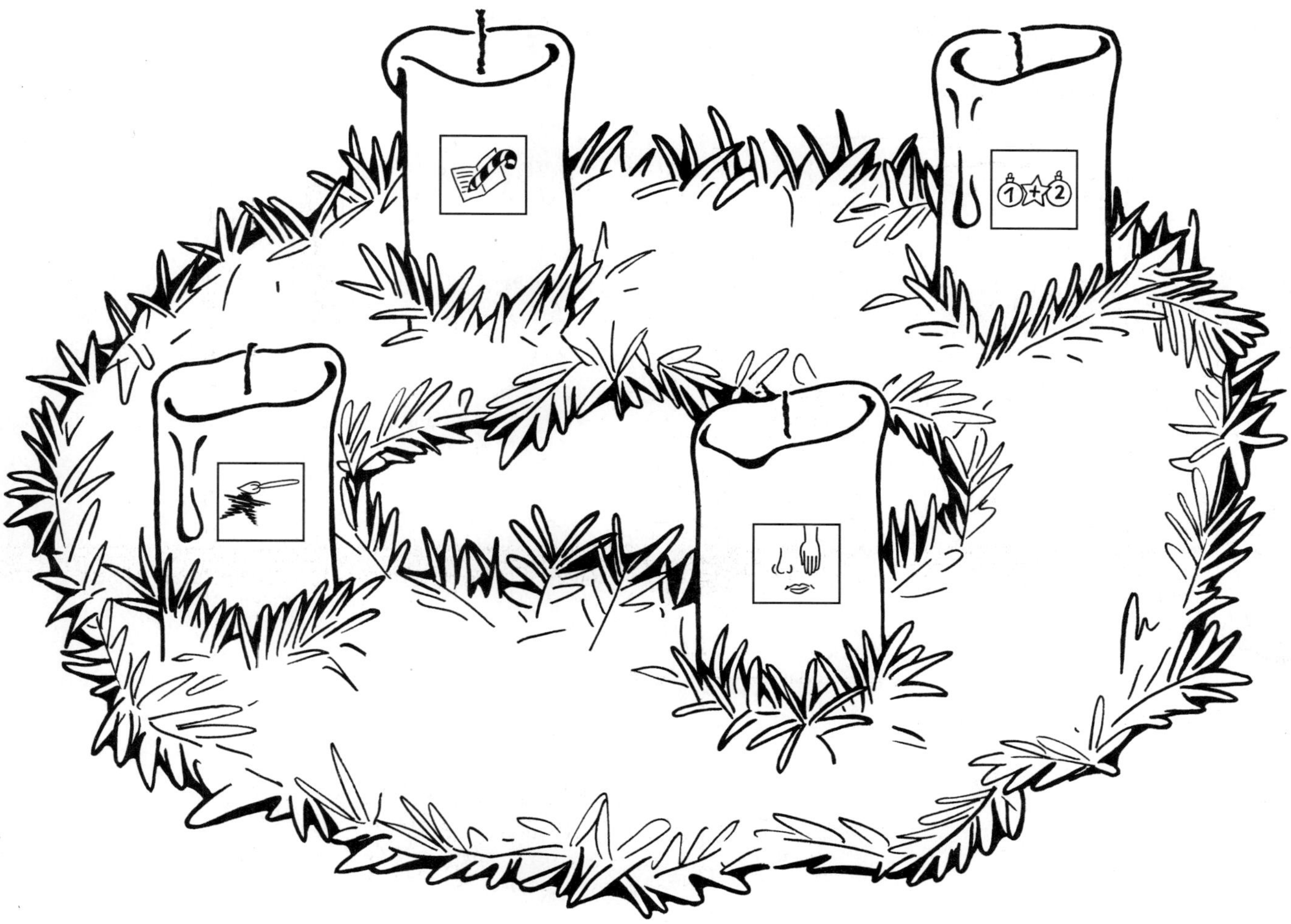

Male für jede fertige Station eine Kerzenflamme an die Kerze.

Name: ______________________ Datum: ____________

Stempel die passenden Wörter.

Kerze • Schleife • Stern • Tanne • Engel • Kugel

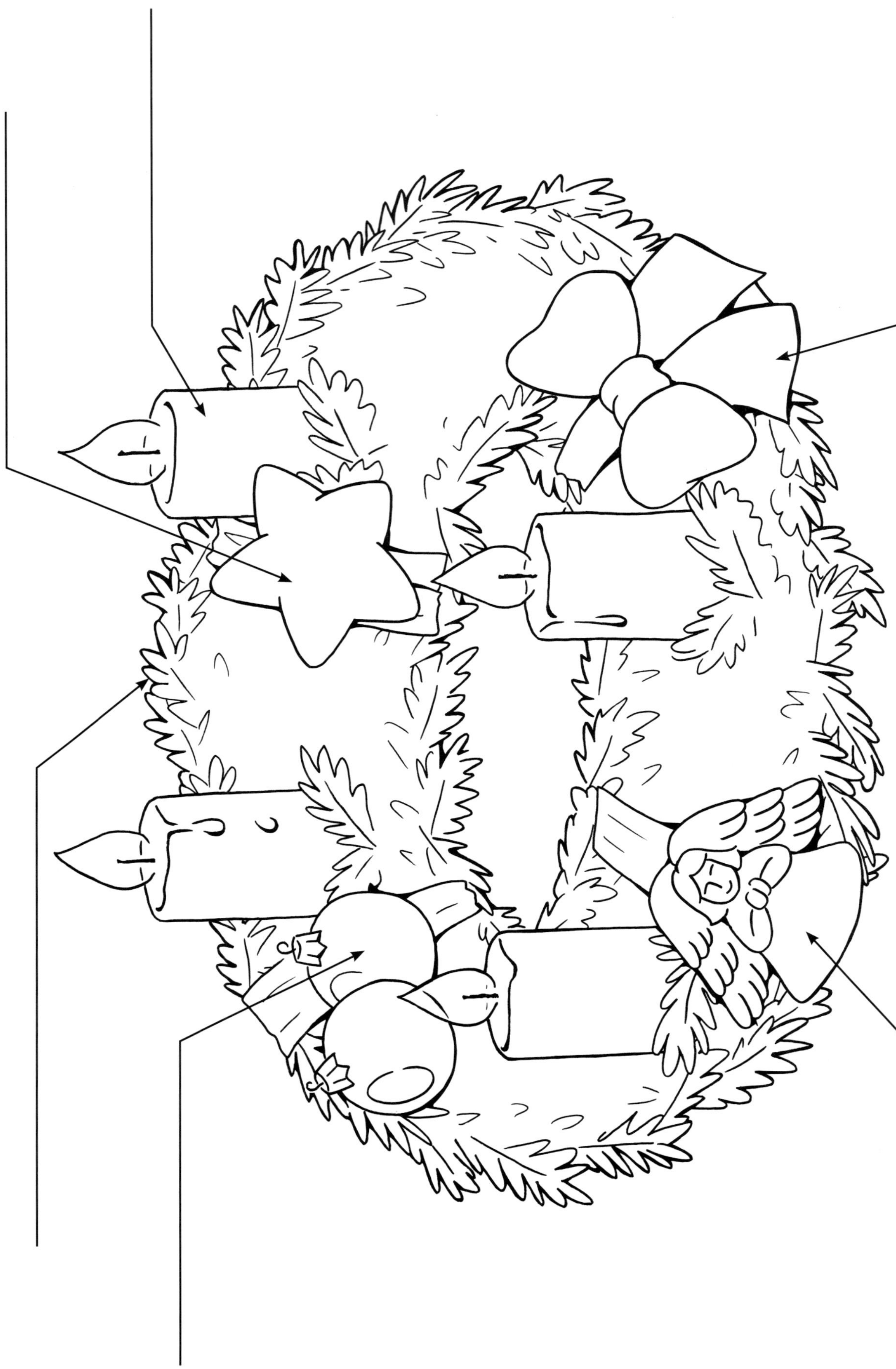

Name: ______________________ Datum: ______________

Spure die Wörter nach.

Male den Adventskranz an.

Name: ______________________ Datum: ______________

Beschrifte den Adventskranz mit den angegebenen Wörtern.

Kerze • Schleife • Stern • Tanne • Engel • Kugel

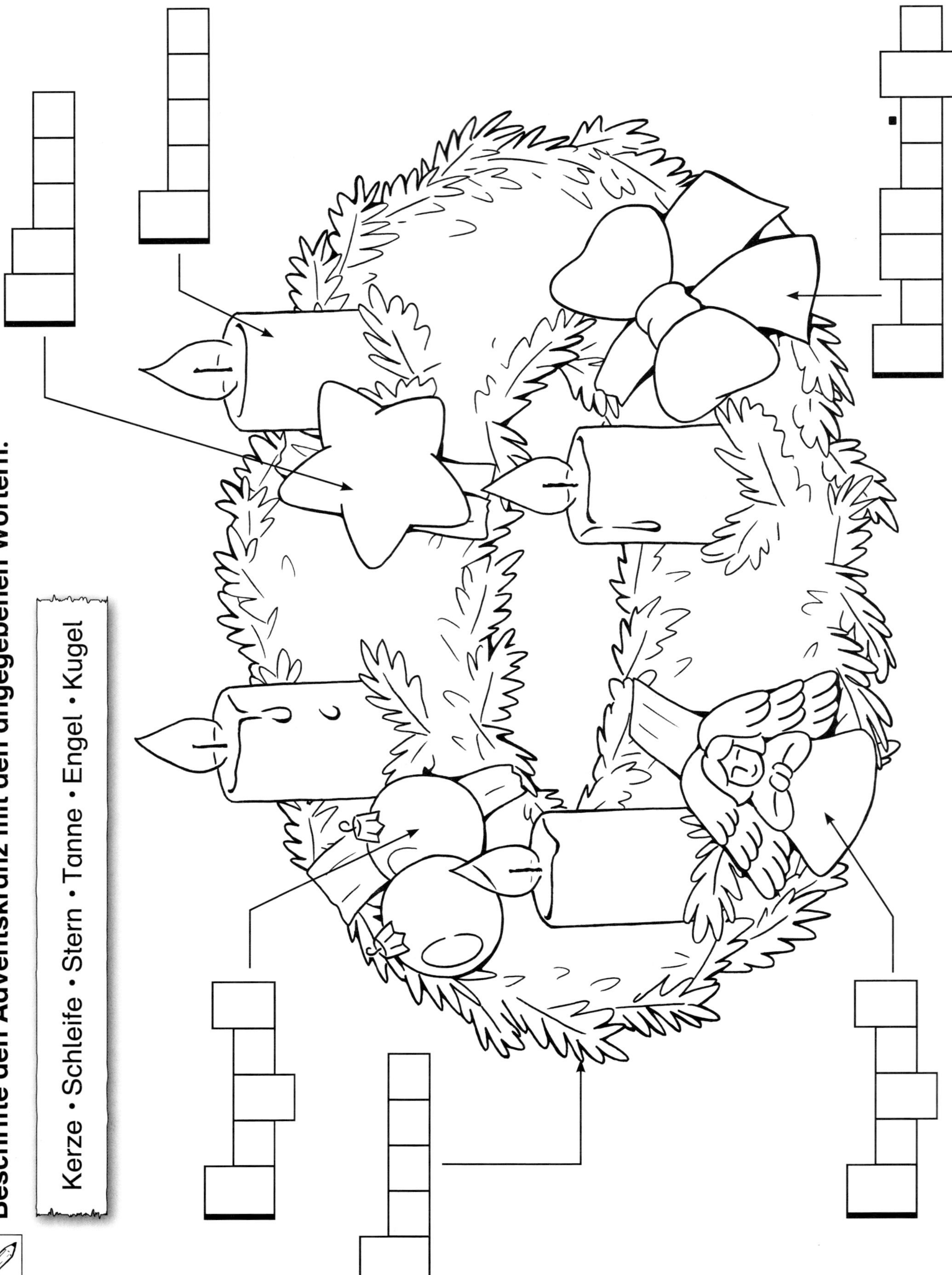

Name: ______________________ Datum: __________

Beschreibe den Adventskranz mit 4 Sätzen.

Diese Wörter können dir helfen:

Tannenzweige • vier • Schleife • Kugel

____

____

____

____

Name: ______________________ Datum: ______________

❶ Wie viele Kerzen brennen?

Schreibe die richtige Zahl auf.

4			

❷ Male die angegebene Anzahl an Kerzen auf die Adventskränze.

1	2	4	3

❸ Kreise immer 4 Kerzen ein.

Adventsrechnen (1)

Station 2, Gruppe 3

Name: ______________________ Datum: ____________

Rechne aus, wie viele Kerzen jeweils brennen.

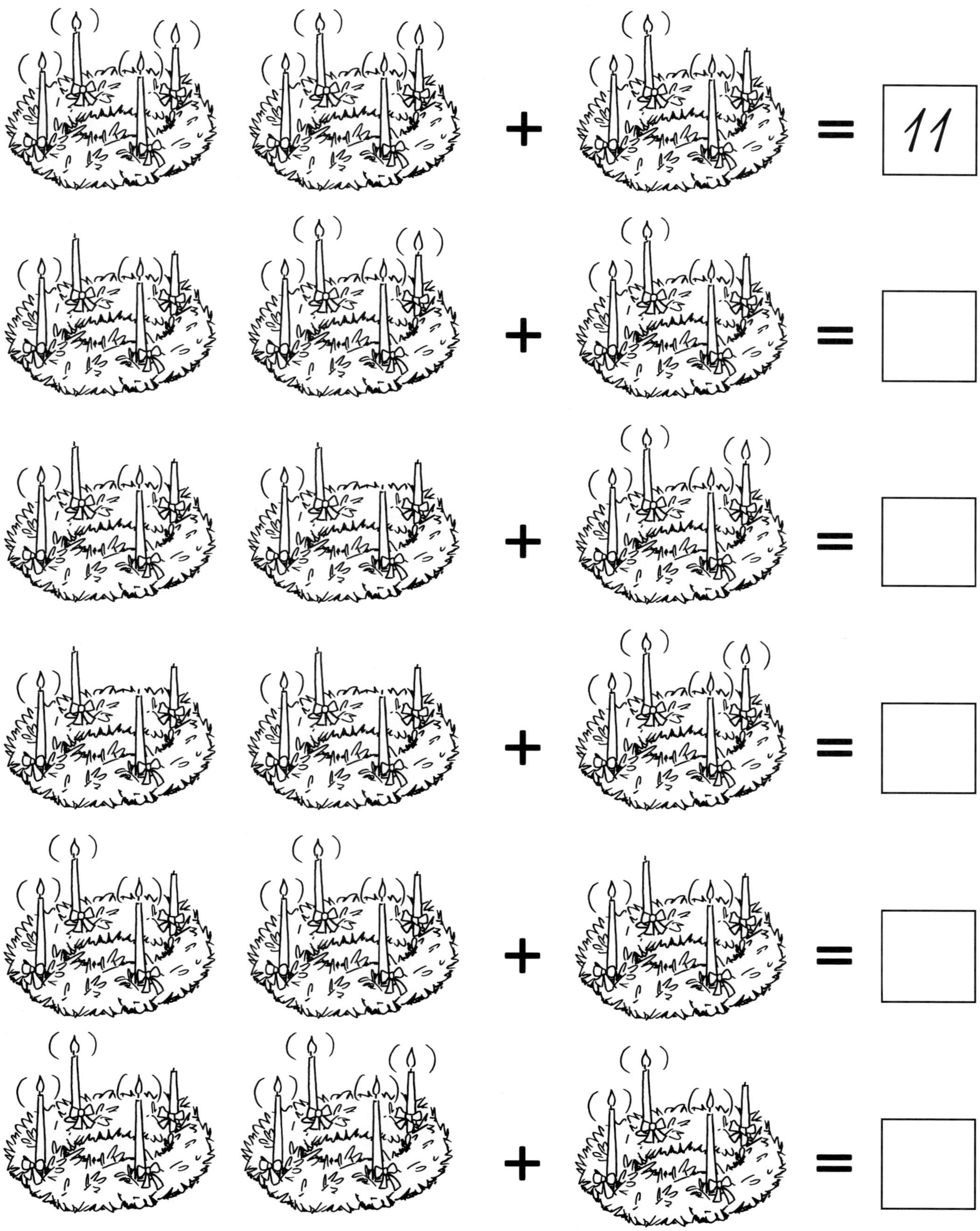

Adventsrechnen (2)

Station 2, Gruppe 3

Name: ______________________ Datum: ____________

Rechne aus, wie viele Kerzen jeweils brennen.

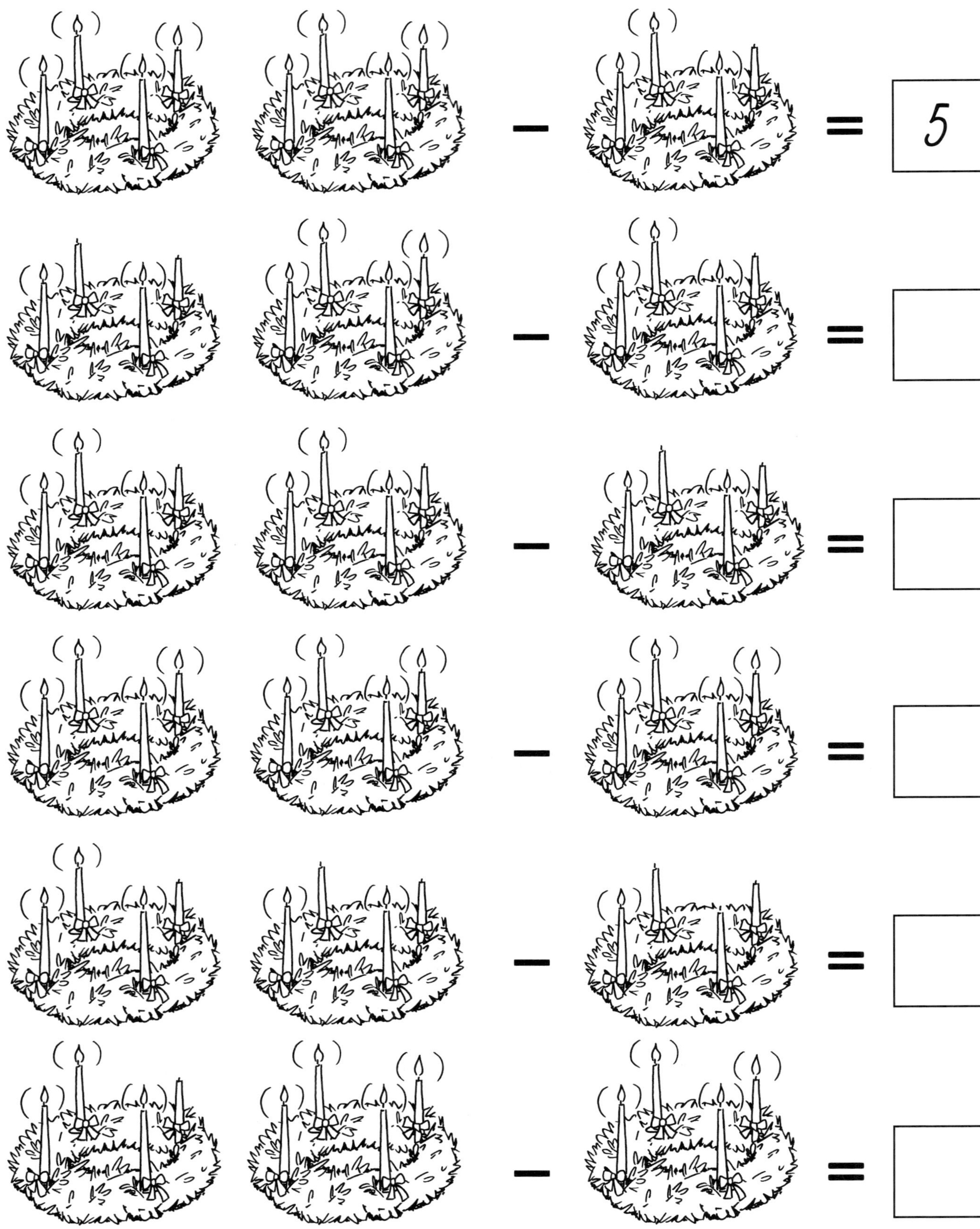

Name: ______________________ Datum: ____________

Rechne die 24 Aufgaben.

Als Ergebnis kommen die Zahlen 1–24 heraus.
Achte auf das Rechenzeichen (+ oder –).

6 + 6 = ____

19 – 18 = ____

24 – 22 = ____

11 + 11 = ____

17 – 14 = ____

4 + 9 = ____

11 – 7 = ____

14 + 9 = ____

7 + 7 = ____

12 + 12 = ____

21 – 16 = ____

8 + 7 = ____

16 – 9 = ____

13 – 7 = ____

5 + 11 = ____

7 + 12 = ____

9 + 8 = ____

20 – 12 = ____

9 + 9 = ____

18 – 9 = ____

23 – 13 = ____

3 + 17 = ____

2 + 9 = ____

5 + 16 = ____

Name: ______________________ Datum: ____________

Gestalte einen Adventskranz.

Name: ______________________ Datum: ______________

Schneide aus, klebe auf und male an.

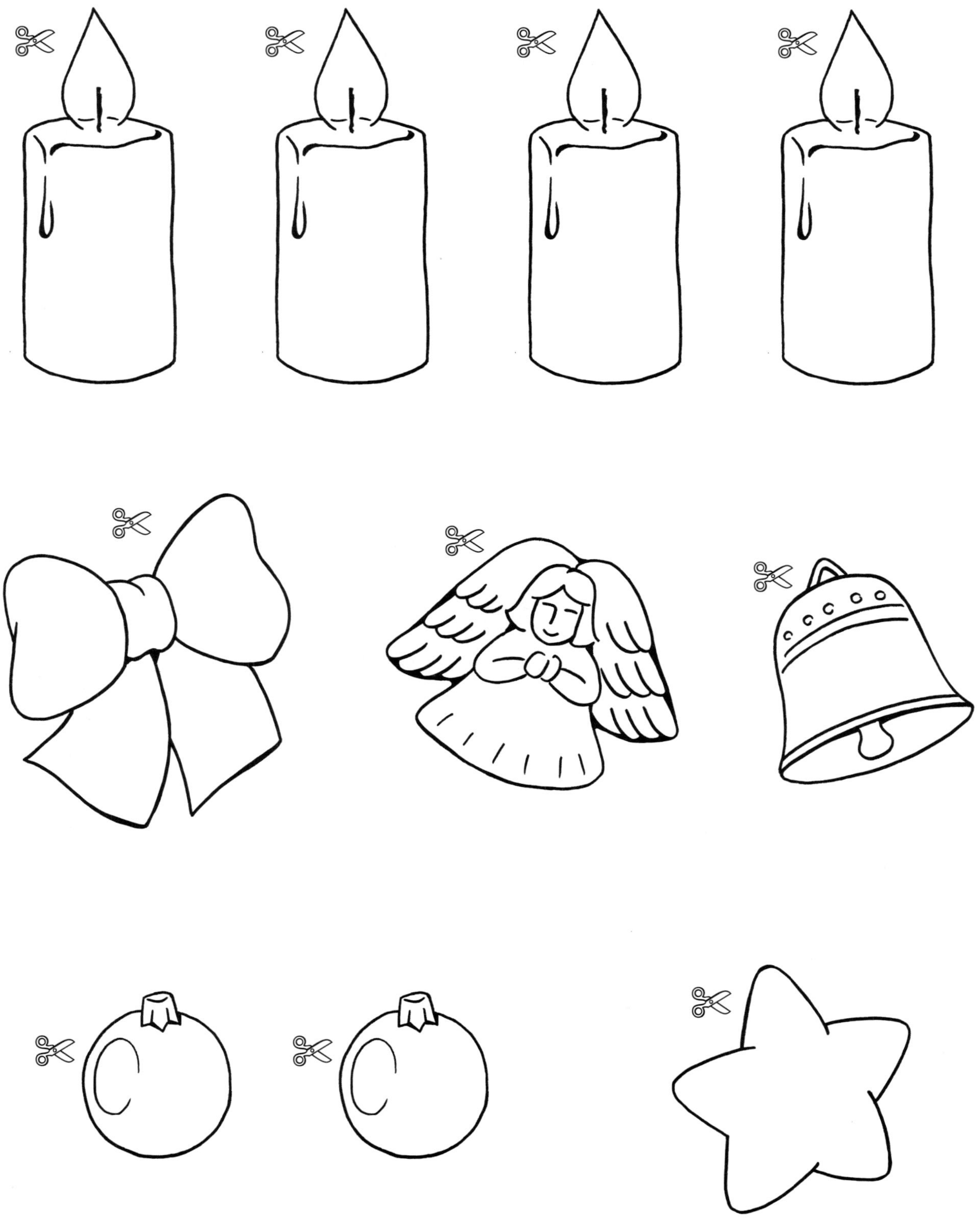

Adventsfühlkiste (Bildkarten)

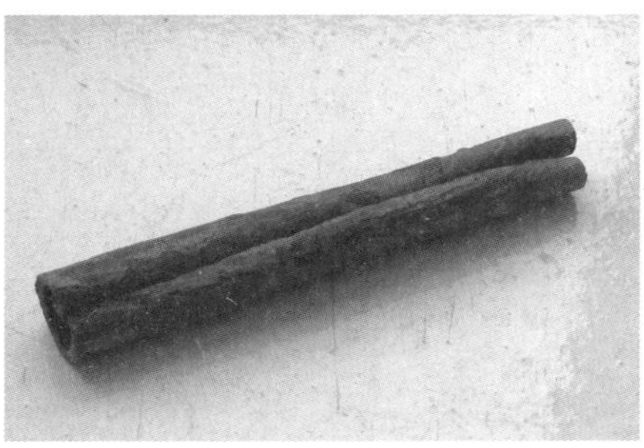

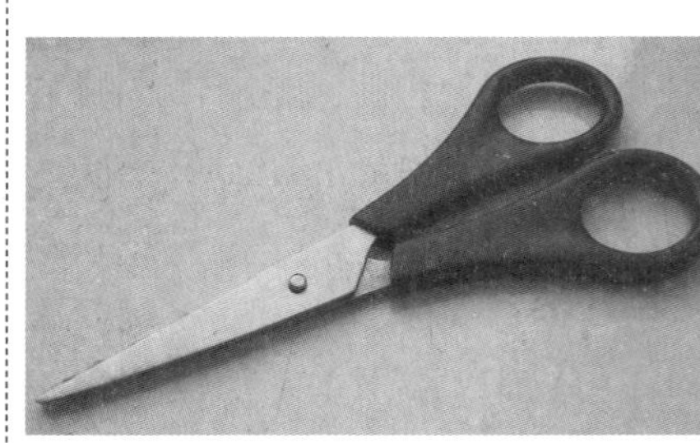

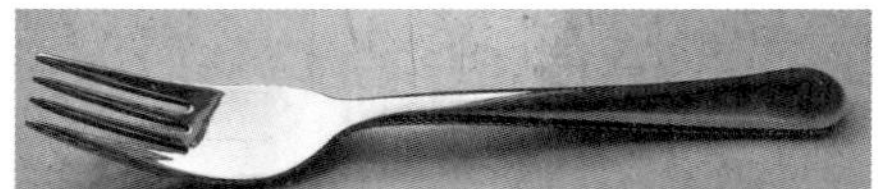

Adventsfühlkiste

Station 4, Gruppe 2

Name: ____________________ Datum: ____________

Sortiere die Bilder in die Tabelle.

Klebe die Bilder auf.

☺ Ja, habe ich in der Kiste gefühlt	☹ Nein, ist nicht in der Kiste

Kerze	Tannenzweig	Band
Nuss	Gießkanne	Kuss
Oma	Streichholz	Schere
Feuer	Gabel	Zimt
Birne	Orange	Schleife
Apfel	Schokolade	Stern

Name: ______________________ Datum: __________

Welche Dinge hast du in der Kiste gefühlt?

Klebe alle Begriffe auf, die du in der Kiste gefühlt hast.

Adventsfühlkiste

Station 4, Gruppe 4

Name: ______________________ Datum: ______________

Welche Dinge hast du in der Kiste gefühlt?

Schreibe auf.

Frauke Schüder/Iris Wollenheit: Lernstationen Weihnachten

Name: ______________________ Datum: ______________

Advents-Bingo

1. Advent

2. Advent

3. Advent

4. Advent

Name: ______________________ Datum: ____________

Advents-Bingo

1. Advent	**2. Advent**
3. Advent	**4. Advent**

Name: ______________________ Datum: ______________

Advents-Bingo

Flieder-
beere

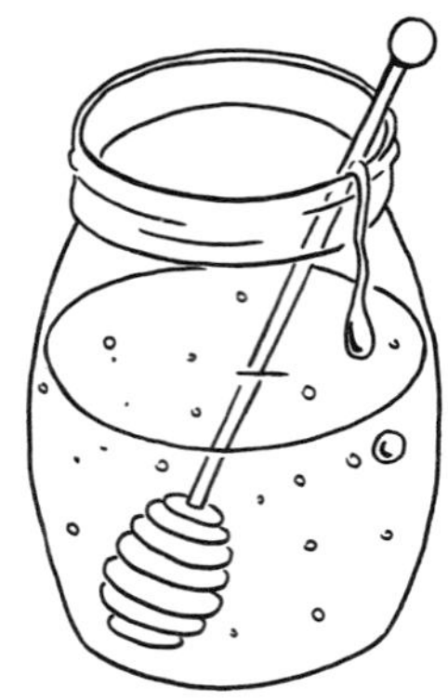

Glüh
fix

Orangen
Saft

Vanille
Zucker

Rezept: Adventspunsch (1)

Gruppe 2

Name: ______________________ Datum: ____________

Verbinde Wort und Bild.

Zutaten:

2 l **O**rangensaft

1 l **F**liederbeersaft

1 l schwarzer **T**ee

1 P. **G**lühfix

1 P. **V**anillezucker

Zucker

Honig

Rosinen

Mandeln

Rezept: Adventspunsch (2)

Gruppe 2

Name: ______________________ Datum: __________

Arbeitsschritte:

1

2

Schneide aus und klebe auf.

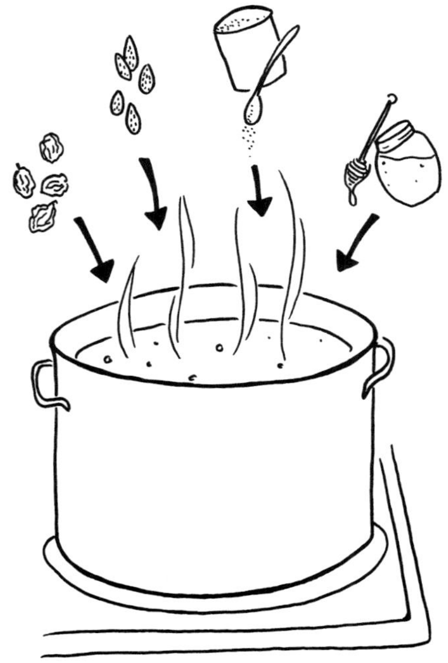

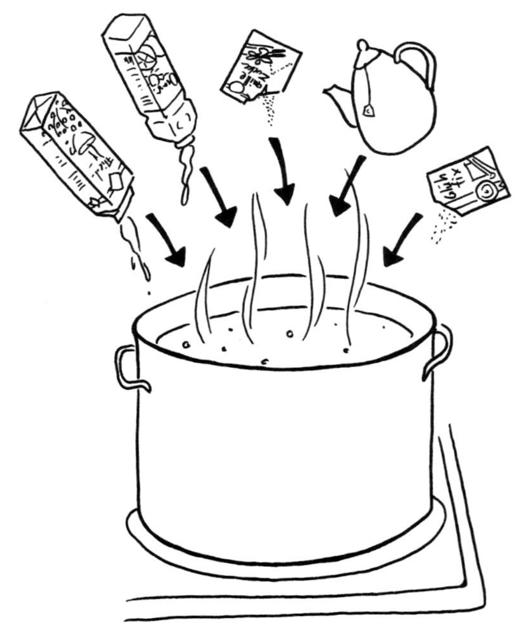

Frauke Schüder/Iris Wollenheit: Lernstationen Weihnachten

Name: ______________________________ Datum: ______________

Vervollständige das Rezept.

Ergänze die fehlenden Laute und Wörter.

Tipp: Nimm das durcheinandergeratene Rezept (Teil 2) zu Hilfe.

Zutaten:

2 L__ter Orangen_______ 

1 Lit__r Flieder_______saft 

1 __iter schwarzer T____ 

1 P. ______fix 

1 P. Va_________zuck___ 

____onig, Z____cker, 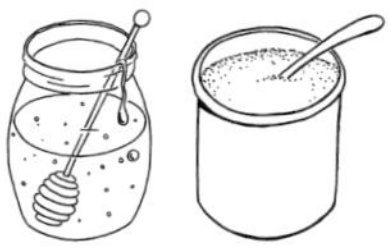

_____sin_____, M_____deln 

Arbeitsschritte:

1. Alles _____ einen groβen _________ geben.
2. Mit _________________ und __________________ abschmecken.
3. Rosinen und _______________ hinzugeben.
4. Auf dem __________ warm machen.

Hhmmmm...... lecker!

Rezept: Adventspunsch (2) Gruppe 3 + 4

Name: ______________________ Datum: ______________

Hier ist einiges durcheinandergeraten.

Lies genau und ergänze dein Rezept.

Zutaten:

1	Liter	Fliederbeersaft
1	P.	Glühfix
2	Liter	Orangensaft
1	Liter	schwarzer Tee
1	P.	Vanillezucker

Zucker, Honig, Rosinen, Mandeln

Arbeitsschritte:

Rosinen und Mandeln hinzugeben.

Mit Honig und Zucker abschmecken.

Auf dem Herd warm machen.

Alles in einen großen Topf geben.

1. Stationenarbeit

Station 1: In der Weihnachtsbäckerei

Material:
- **Gruppe 1:** Bildkarten (S. 37/38) sowie darauf abgebildete Utensilien als Realgegenstände, DIN-A5-Blätter, ggf. Stempel oder Fingerfarbe
- **Gruppe 2–4:** Kopiervorlagen (S. 39–41)

Aufgabenstellungen Gruppe 1:
- Gegenstände und Materialien als Realgegenstände präsentieren. Schüler sollen Dinge taktil erfahren, Essbares probieren und Wortschatz/Begriffsumfang erweitern
- Bildkarten nutzen, um von konkreter Ebene auf ikonische Ebene zu übertragen
- Einsatz von Step-by-Step
- weitere Möglichkeit: mit den Bildern ein kleines DIN-A5-Buch erstellen, auf jede Seite ein Bild kleben, darunter den Begriff stempeln oder mit Fingerfarbe schreiben

Station 2: Rechnen in der Bäckerei

Material:
- **Gruppe 1–4:** Dominosteine (Weihnachtsgebäck), Zellophantüten, Blankoaufkleber, digitale Küchenwaagen, Ringelband, Stempel
- **Gruppe 2–4:** Kopiervorlagen (S. 42–46)

Aufgabenstellungen Gruppe 1:
- Dominosteinpackung taktil erfahren, öffnen, Geruch wahrnehmen, Dominosteine probieren
- 2 Tüten à 5 Dominosteine bzw. 7 Dominosteine mit Unterstützung packen, Tüten wiegen, Gewicht (Grammzahl) auf Blankoaufkleber stempeln, Tüte mit Ringelband schließen

Station 3: Eine weihnachtliche Duftkette

Material:
- **Gruppe 1–4:** Bastelmaterial und Anleitung siehe Kopiervorlage (S. 47/48)

Station 4: Weihnachtsdüfte

Material:
- **Gruppe 1–4:** Kopiervorlage und Lösungsblatt (S. 49/50), 5 kleine Dosen, Gewürze (siehe Vorbereitung)

Vorbereitung:
- kleine Dosen mit Symbolen versehen und mit Gewürzen/Düften füllen (Zimtpulver = Symbol Smiley, Anispulver = Symbol Sonne, Vanillepulver = Symbol Mond, Orangenschale = Symbol Herz, Zitronenschale = Symbol Stern), zusätzlich Realgegenstände Orangenscheibe, Zitronenscheibe, Vanilleschote, Anisstern, Zimtstange bereitstellen

2. Zusatzangebote

Spiel: „Das Pfefferkuchenmann-Würfelspiel“

Material:
- **Gruppe 1–4:** Vorlage Pfefferkuchenmann (S. 51) entsprechend der Schüleranzahl auf Pappe kopieren, Würfel bauen (S. 52), Stifte

Spielanleitung:
1. Jeder Spieler erhält eine Pfefferkuchenmannvorlage, die er im Laufe des Spiels gestalten muss.
2. Es wird reihum gewürfelt. Entsprechend des gewürfelten Symbols malt der Spieler Augen, Pfeife, Knöpfe, Mund oder Haare mit farbigen Stiften auf seine Vorlage.
3. Würfelt man ein Symbol, das man schon hat, muss man leider eine Runde aussetzen.
4. Das Würfelsymbol  heißt: Du darfst noch einmal würfeln.
5. Wer als Erstes seinen Pfefferkuchenmann komplett „verziert“ hat, hat gewonnen.

Spiel: „Ich backe Weihnachtsplätzchen und dafür brauche ich …“

Material:
- **Gruppe 1–4:** ggf. Bildkarten oder Realgegenstände (siehe Spielanleitung)

Spielanleitung:
Bei diesem Spiel ist das Gedächtnis gefragt. Es funktioniert nach dem gleichen Muster wie das Spiel „Ich packe meinen Koffer und nehme mit …“. Alle Mitspieler sitzen im Kreis. Der jüngste Mitspieler fängt an und sagt: „Ich backe Weihnachtsplätzchen und brauche dafür Mehl.“ Der Nächste muss sich nun das Genannte vom ersten Spieler merken und seinen eigenen Begriff hinzufügen, z. B.: „Ich backe Weihnachtsplätzchen und brauche dafür Mehl und Zucker.“ Der Dritte braucht Mehl, Zucker und Milch. Mit jedem Spieler kommt eine weitere Zutat oder ein Küchengerät ins Spiel.
Die Begriffe sollten bei dem Spiel eigentlich in der richtigen Reihenfolge genannt werden. So wird es immer schwieriger, sich auch alles zu merken. Am Ende bleibt der Spieler mit dem besten Gedächtnis über und gewinnt das Spiel.

Variationen:
Als Unterstützung für die Schüler:
- in die Mitte des „Spielkreises“ verschiedene Zutaten und Geräte legen (Realgegenstände oder Bildkarten)
- ein Poster präsentieren, auf dem eine Backsituation dargestellt ist, aus der die Schüler sich etwas auswählen können
- in die Mitte des „Spielkreises“ viele verschiedene Gegenstände legen, die nicht alle zum Plätzchenbacken geeignet sind, sodass die Schüler sinnvolle Backutensilien auswählen müssen
- während des Spiels die genannten/ausgewählten Dinge in richtiger Reihenfolge auf einen Tisch stellen, sodass der Lernschwerpunkt des Spiels nicht auf das Merken der Reihenfolge wie im eigentlichen Spiel, sondern eher auf die Begriffszuordnung und -festigung gelegt wird

Rezept: Schoko-Crossies

Material:

- **Gruppe 1–4:** Zutaten laut Rezept besorgen
- **Gruppe 1:** ggf. elektrische Schere, Fingerfarbe oder Stempel, Plakat für Arbeitsschritte, Bildkarten (S. 53/54)
- **Gruppe 2–4:** Kopiervorlagen (S. 55–60)

Aufgabenstellungen Gruppe 1:

- mithilfe der Bildkarten Bild-Realobjekt-Zuordnung üben
- einzelne Zutaten probieren lassen
- Zutaten und Arbeitsschritte auf den Step-by-Step sprechen / sich anhören
- Arbeitsschritte ausschneiden (mit elektrischer Bastelschere gestützt schneiden) und auf ein Plakat kleben, Arbeitsschritte mit Stempeln/Fingerfarbe nummerieren

Laufzettel von

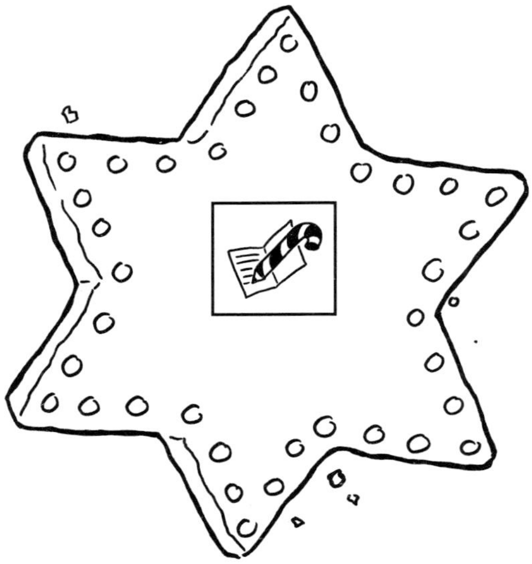

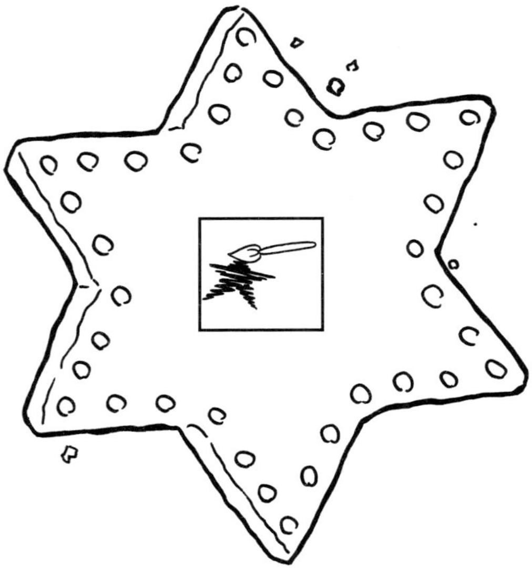

Male für jede fertige Station einen Keks an.

Frauke Schüder/Iris Wollenheit: Lernstationen Weihnachten

In der Weihnachtsbäckerei (1)

Station 1, Gruppe 1

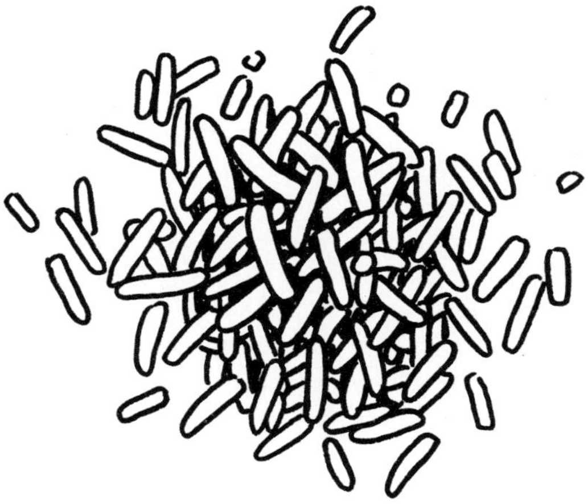

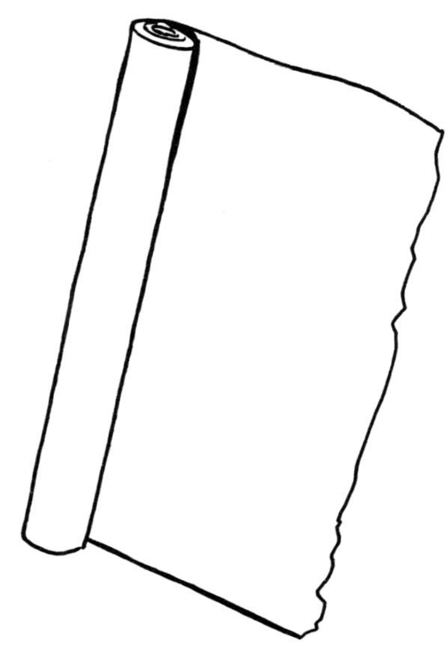

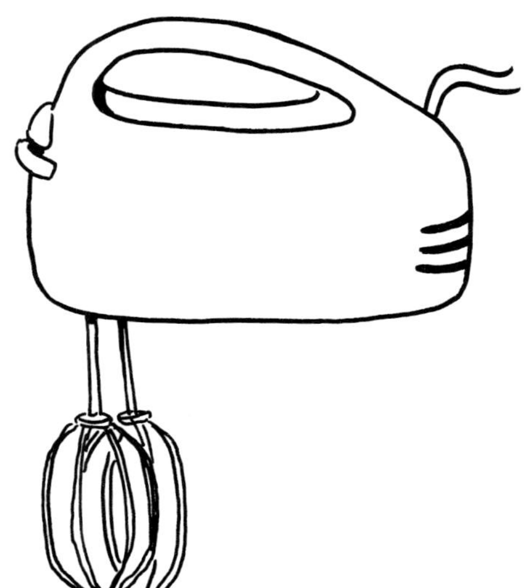

Frauke Schüder/Iris Wollenheit: Lernstationen Weihnachten

Name: ____________________ Datum: ____________

Mit welchem Buchstaben fangen die Dinge an?

Schreibe auf.

M • B • P • B • N • Sch • Z • St • W • M • K • Ei

___ucker

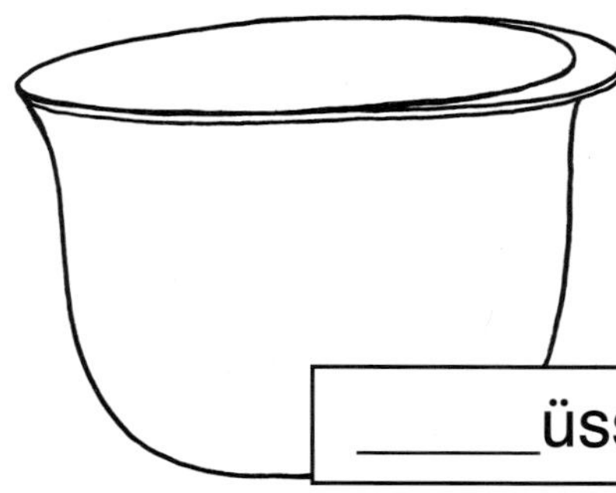

___üssel

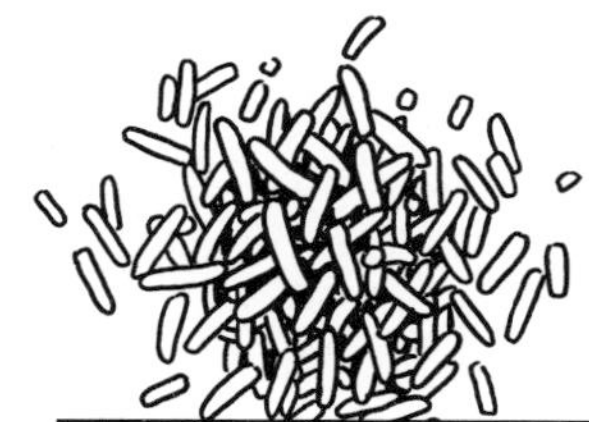

___reusel

___insel

___aage

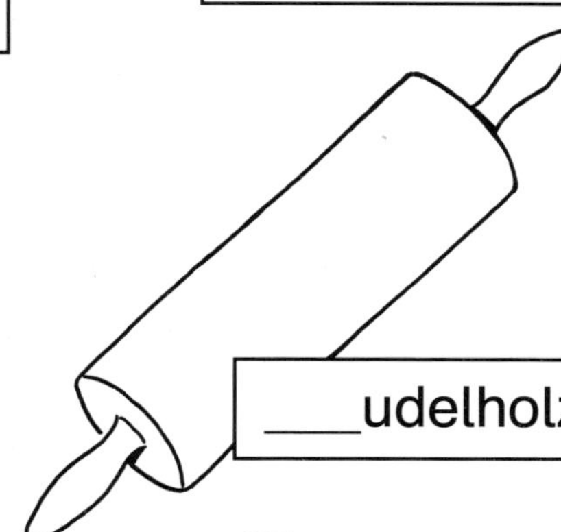

___udelholz

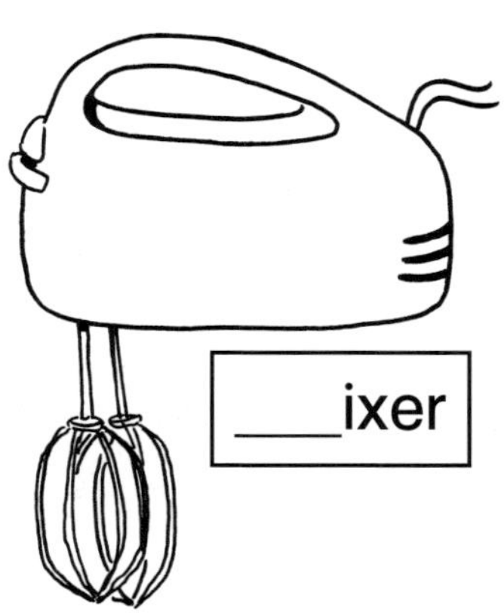

___ixer

___ackblech

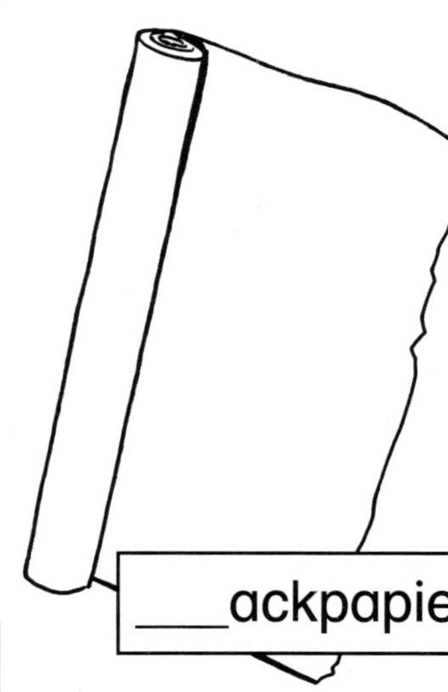

___ackpapier

___ehl

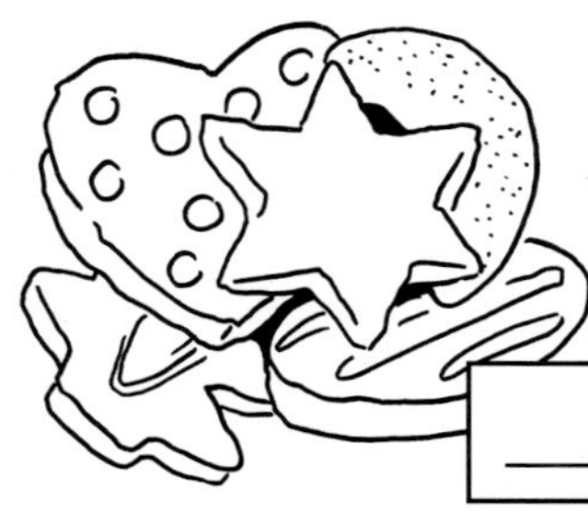

___ekse

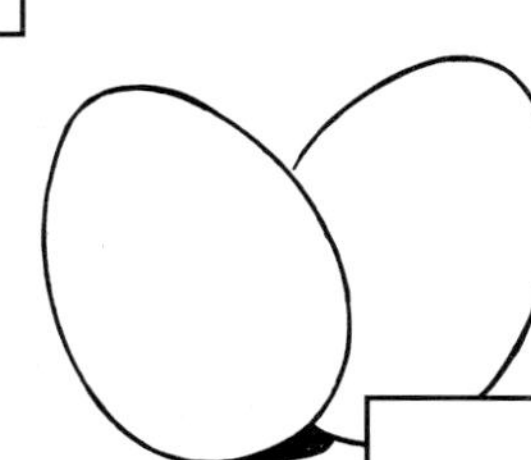

___er

Name: ______________________ Datum: ______________

Was siehst du?

Schreibe die passenden Wörter in die Kästen.

Mixer • Backblech • Pinsel • Backpapier • Nudelholz • Schüssel • Zucker • Streusel • Waage • Eier • Mehl • Kekse

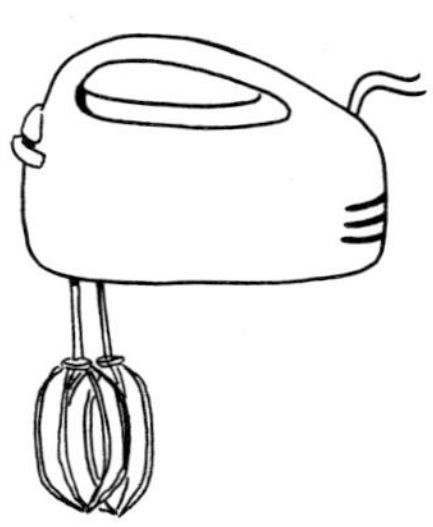

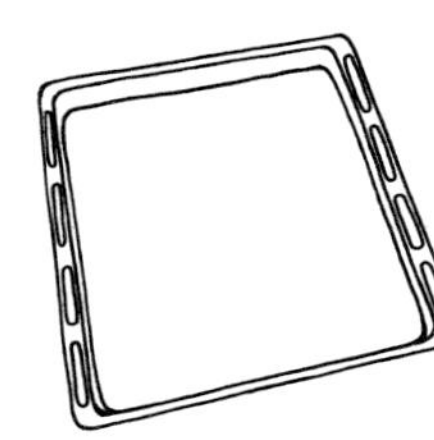

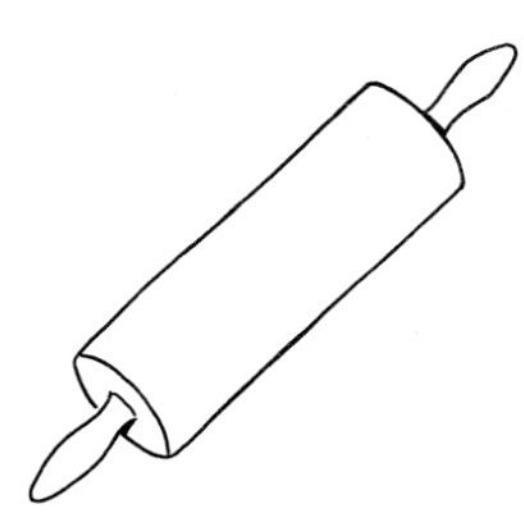

Name: ______________________ Datum: ____________

Lies genau. Welche Wörter sind richtig, welche falsch?

Streiche Falsches durch.

Kreise Richtiges ein.

Pinsel – Pimsel

Schüssel – Schössel

Nudelholz – Nadelholz

Streusal – Streusel

Kexe – Kekse

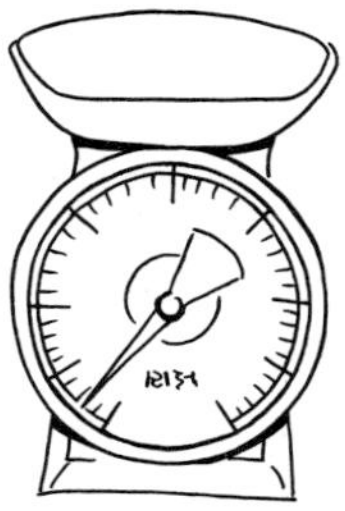

Wagen – Waage

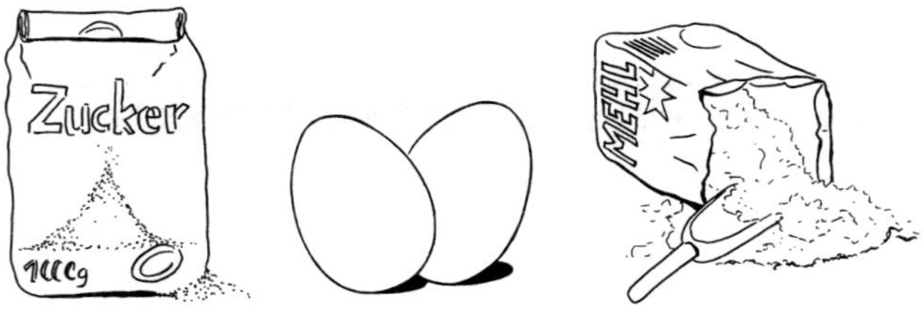

Zutaten – Zutetan

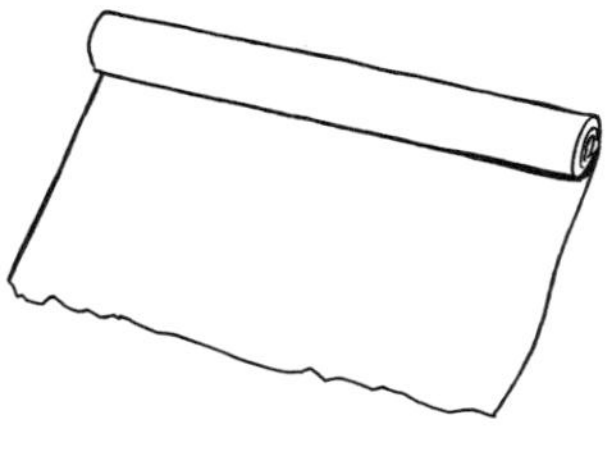

Backpapier – Backbabier

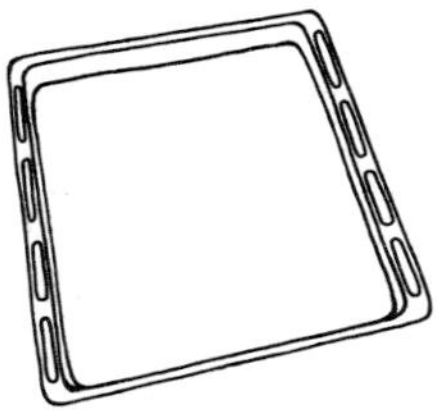

Backblech – Packblech

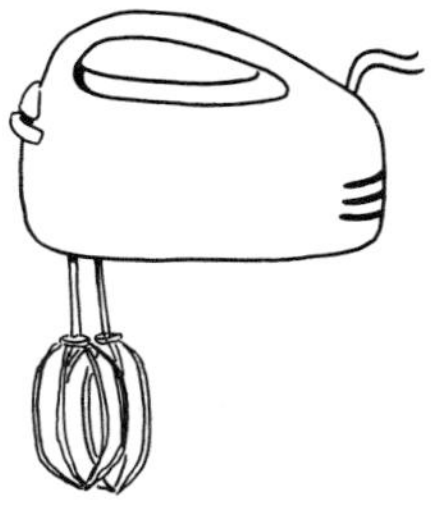

Mixer – Mixa

Name: ______________________ Datum: ______________

Wiege die Dominosteine und fülle sie in eine Tüte.

2 Dominosteine:

3 Dominosteine:

Rechnen in der Bäckerei (2)

Station 2, Gruppe 2

Name: ______________________ Datum: ____________

Zähle die Plätzchen.

Kreise die richtige Zahl ein.

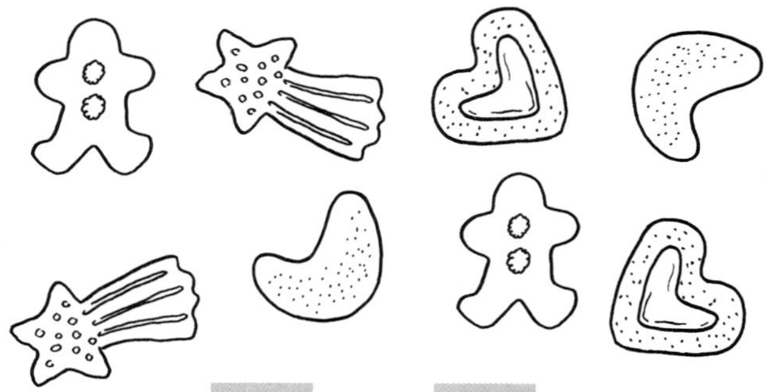

4 8

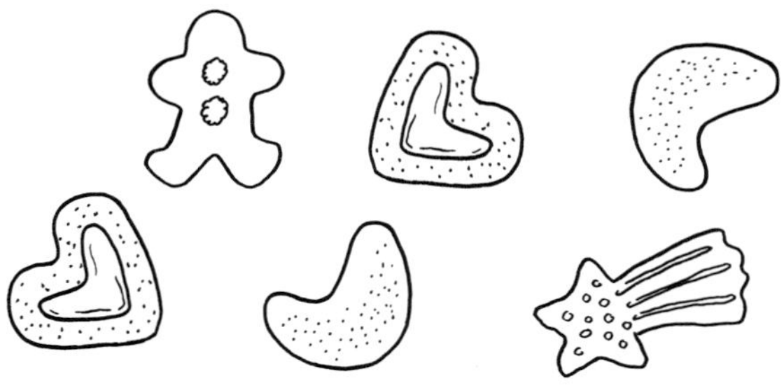

6 5

7 4

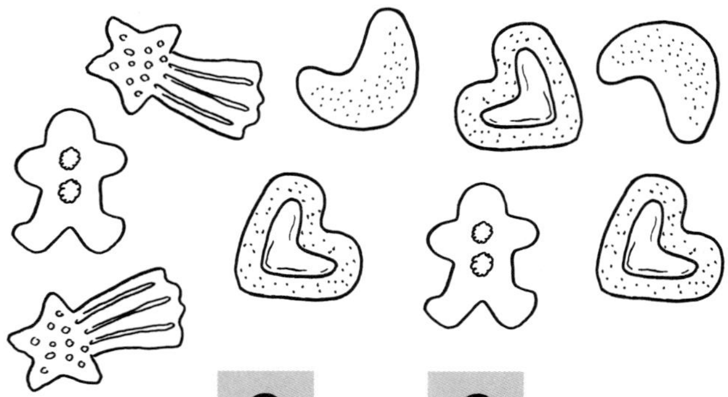

9 6

Male zu den Zahlen die passende Anzahl an Plätzchen.

3 5 7

Name: ______________________ Datum: ____________

Wiege die Dominosteine.

Du benötigst: Dominosteine • 2 Beutel • 1 elektrische Küchenwaage • 2 Klebeetiketten • 1 Stift • Band zum Zubinden

1. Zähle 5 Dominosteine ab und wiege sie.

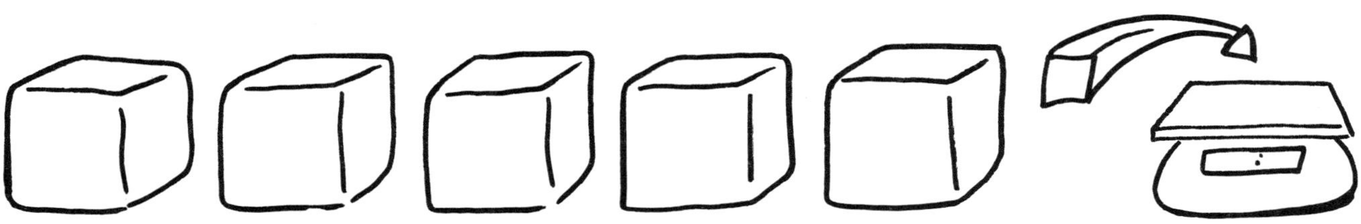

2. Notiere das Ergebnis auf einem Klebeetikett.
   Klebe es auf einen Beutel.

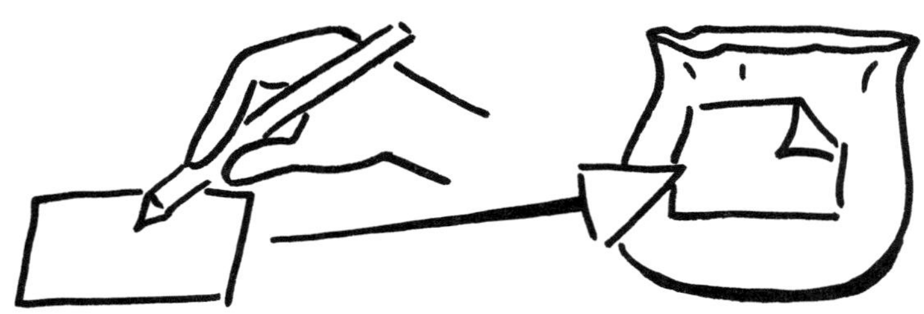

3. Fülle die 5 Dominosteine in den Beutel.
   Binde den Beutel zu.

4. Mache genau das Gleiche noch einmal mit **8** Dominosteinen.

Name: ______________________ Datum: ______________

Fasse die Kekse zu 10er-Bündeln zusammen.

Wie viele Kekse sind es jeweils?

Schreibe die Aufgabe dazu auf.

10 + 10 + 4 = ____

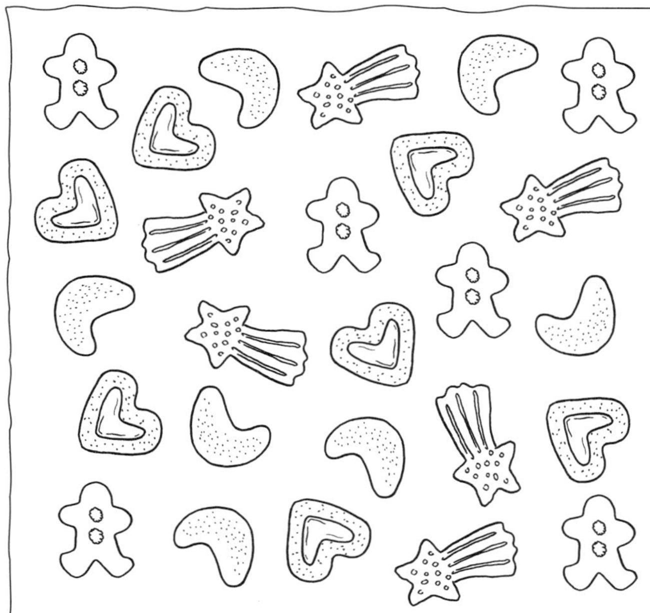

____

____

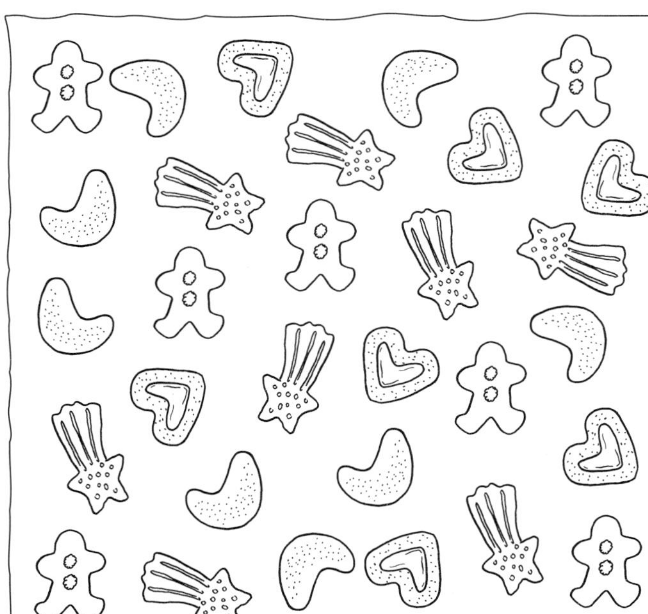

____

Rechnen in der Bäckerei (2)

Station 2, Gruppe 4

Name: ______________________ Datum: ____________

Lies genau oder lass dir vorlesen.

Notiere die Rechenaufgabe.

Rechne sie aus.

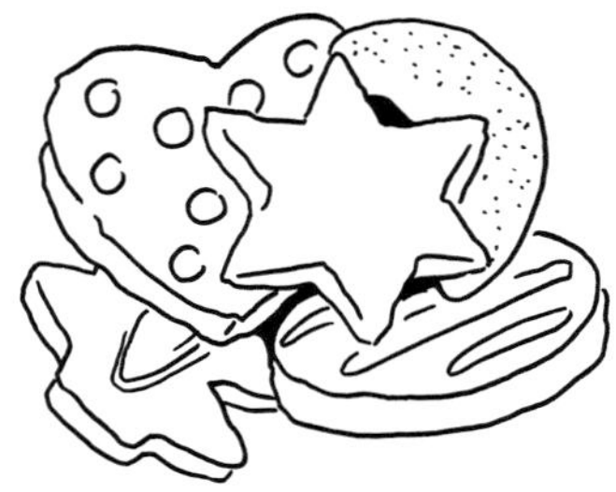

❶ 5 Kinder haben jeweils 2 Kekse. Wie viele Kekse haben sie zusammen?

Aufgabe: ______________________________

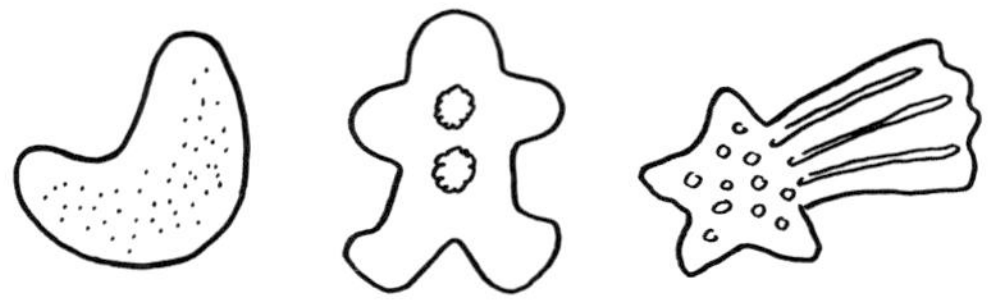

❷ Toni hat 22 Kekse gebacken und Jan 31.

Wie viele Kekse haben beide Jungen zusammen?

Aufgabe: ______________________________

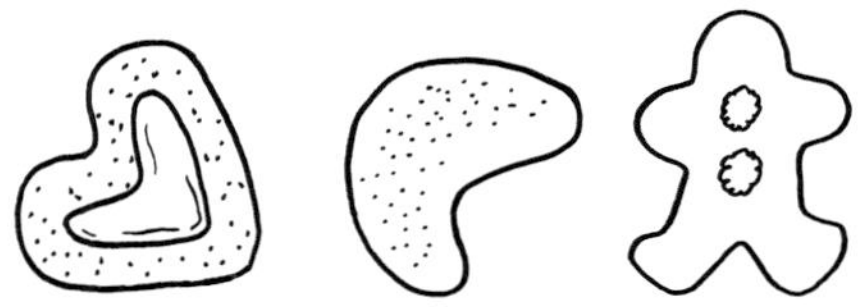

❸ Von ihren 44 Keksen hat Lotte schon 12 Kekse mit Schokolade und Nüssen verziert. Wie viele muss sie noch verzieren?

Aufgabe: ______________________________

Name: ____________________ Datum: __________

Du brauchst:

2 Zimtstangen 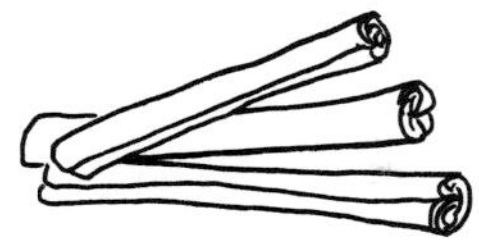

2 Orangenscheiben 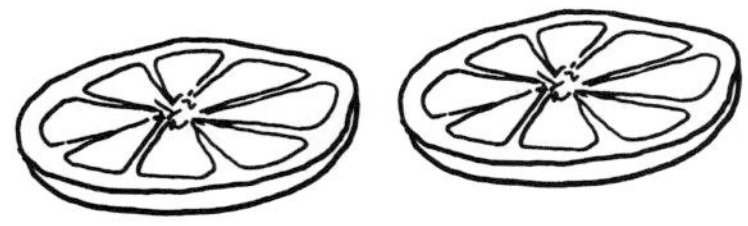

2 Anissterne 

 Draht

Schere 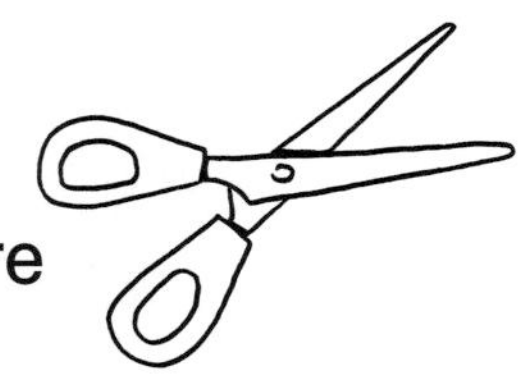

Und so geht's:

1. Schneide dir ca. 1 m Draht ab.

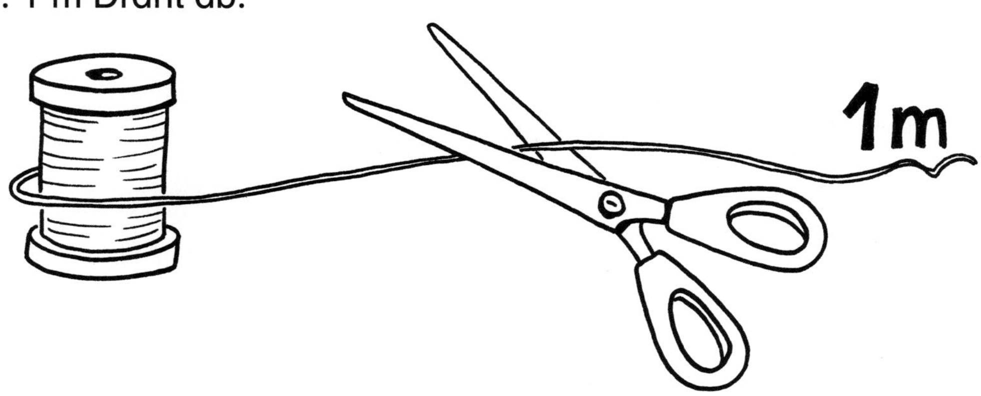

2. Steche ein Drahtende durch eine Orangenscheibe und drehe das Drahtende fest.

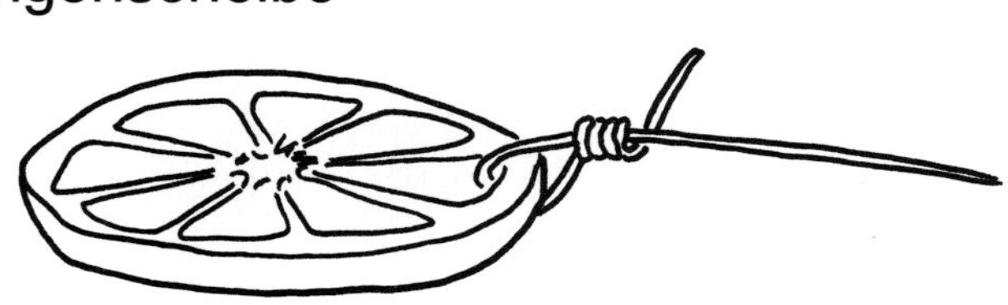

3. Wickle den Draht etwas weiter unten mehrfach um eine Zimtstange und achte darauf, dass sie fest sitzt.

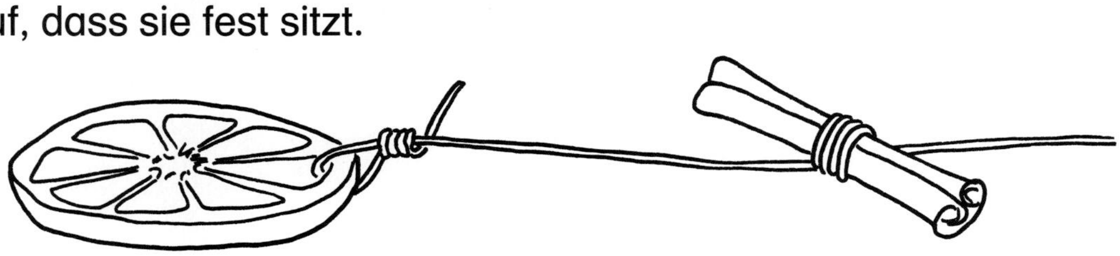

Eine weihnachtliche Duftkette (2)

Name: ______________________ Datum: ____________

4. Wickle den Draht nun noch ein Stück weiter unten um einen Anisstern.

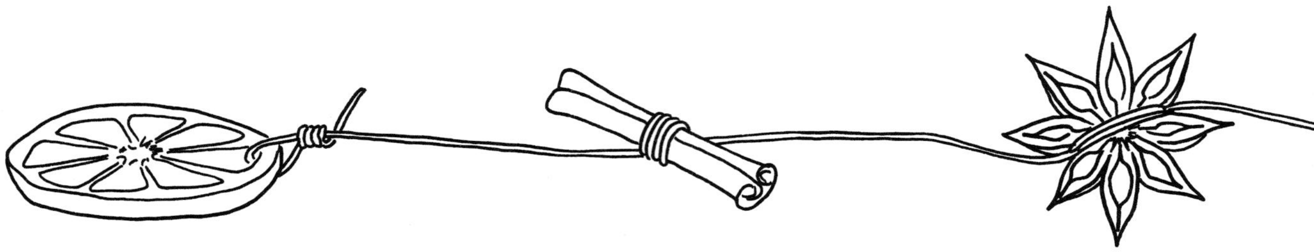

5. Wenn der Draht noch lang genug ist, kannst du noch eine Orangenscheibe, eine Zimtstange oder einen Anisstern ergänzen.

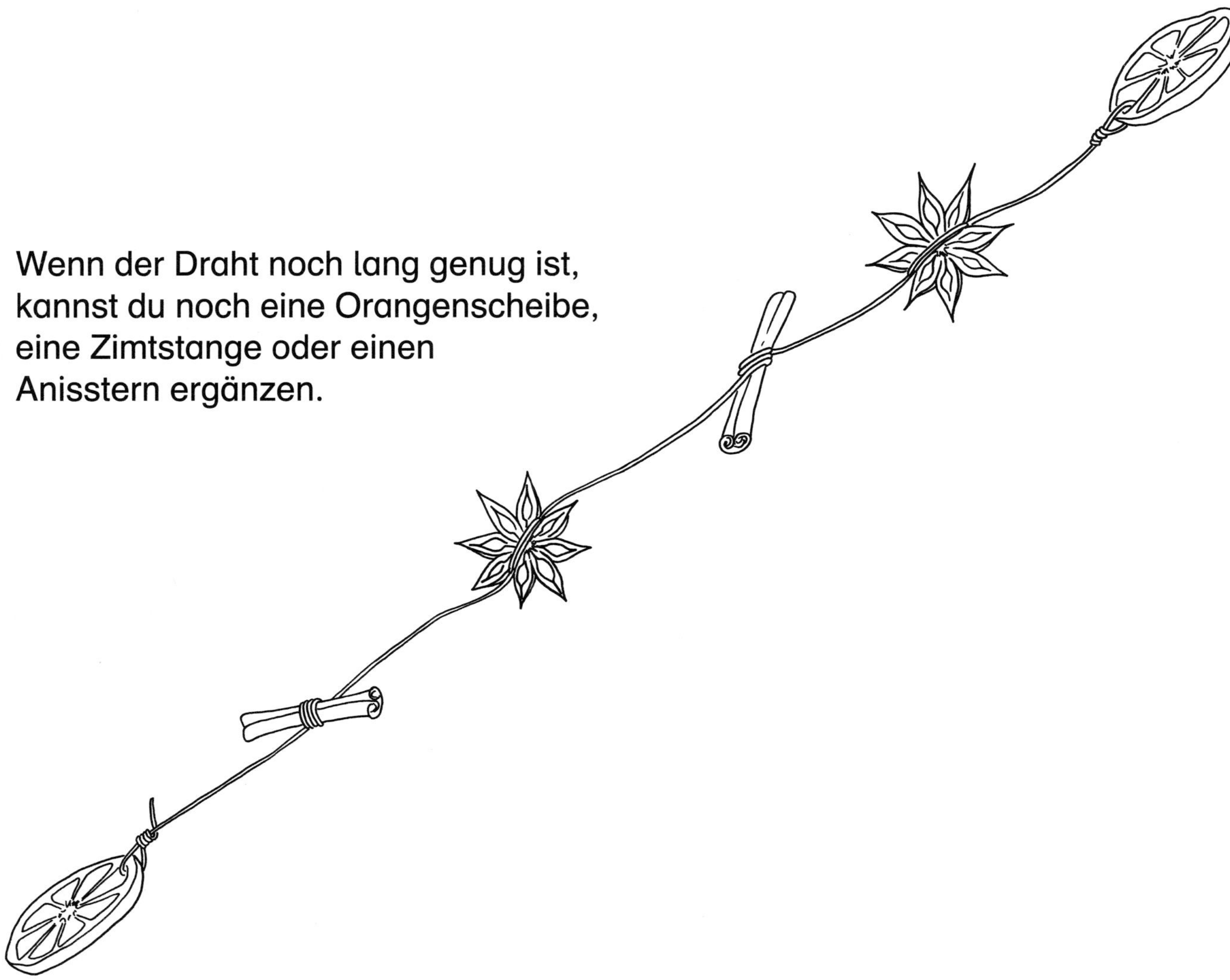

6. Zum Schluss befestige ein kleines Stück Draht als Schlaufe oben an der Orangenscheibe. Nun hast du einen Aufhänger.

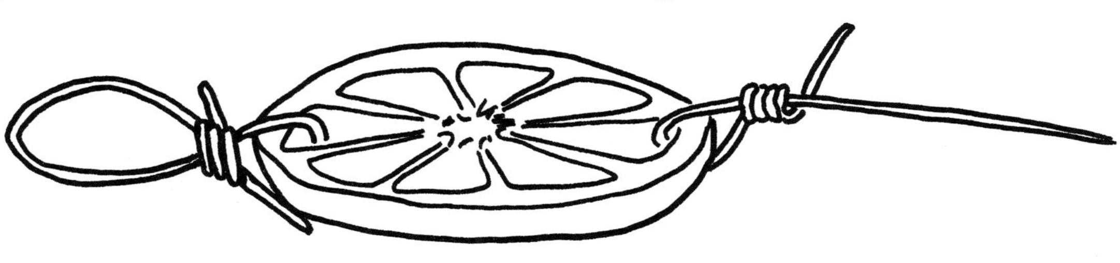

Name: ______________________ Datum: ____________

Rieche an den Gegenständen und Dosen.

Was riecht gleich?

Verbinde die Gegenstände mit den passenden Dosen.

Weihnachtsdüfte (Lösung)

Station 4, Gruppe 1–4

Name: ______________________ Datum: ____________

Vorlage Pfefferkuchenmann

Hinweis: Vorlage Pfefferkuchenmann bitte für jeden Spieler auf feste Pappe kopieren.

Würfelvorlage

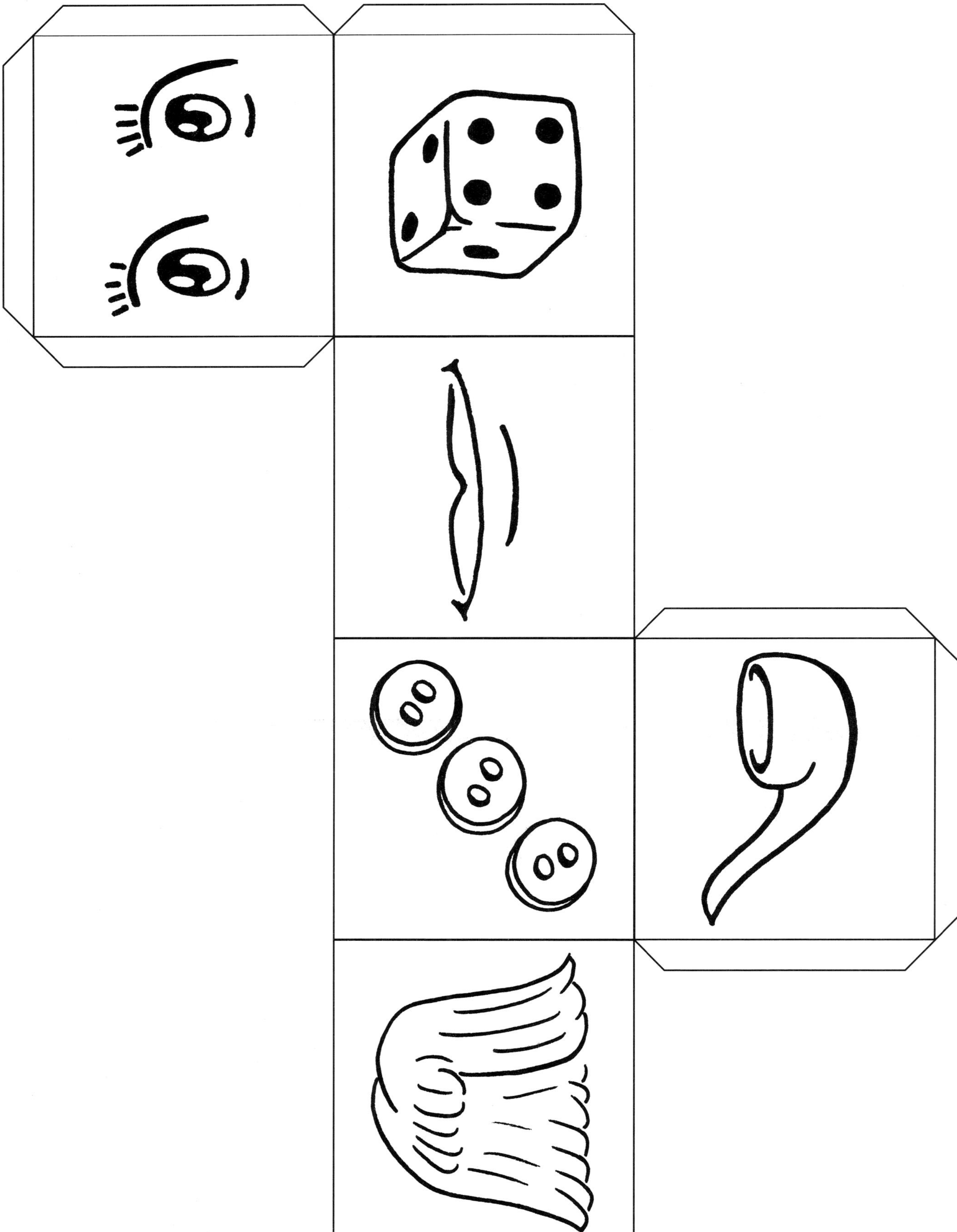

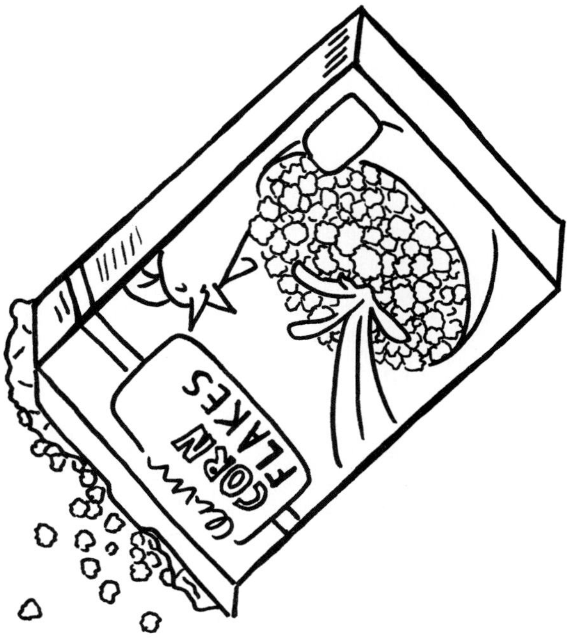

Cornflakes

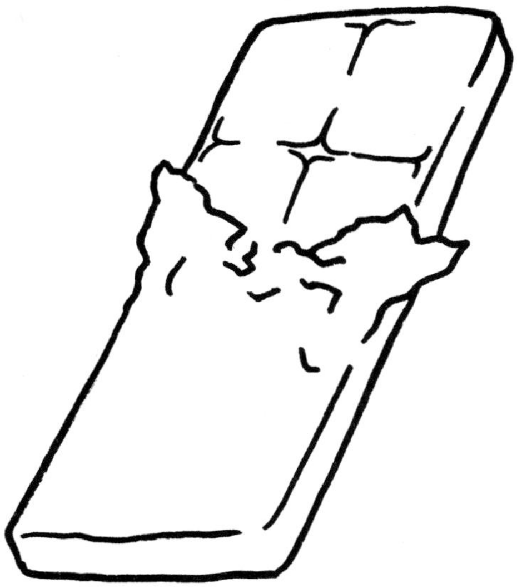

Schokolade

Mandelstifte

Haferflocken

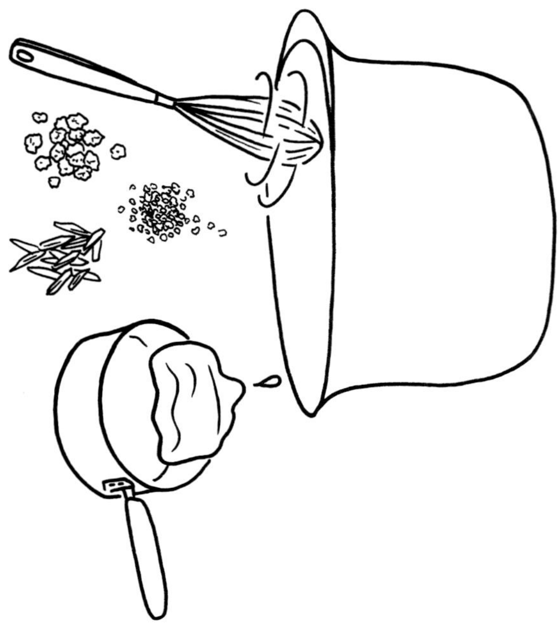

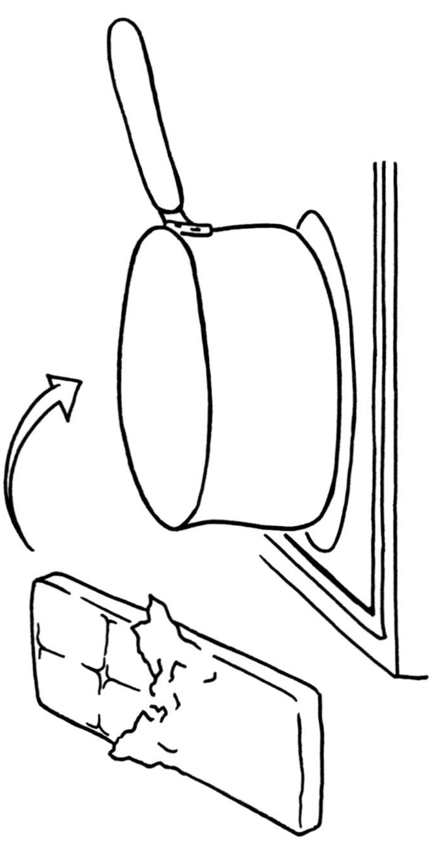

Rezept: Schoko-Crossies (1)

Gruppe 2

Name: ______________________ Datum: ____________

Zutaten:

Schokolade (1 Tafel)	Cornflakes	Mandelstifte	Haferflocken

Arbeitsschritte:

1. Schokolade schmelzen.

2. Alles verrühren.

3. Kleine Haufen formen.

Name: ______________________ Datum: __________

Schneide aus.

Klebe die Bilder richtig in das Rezept.

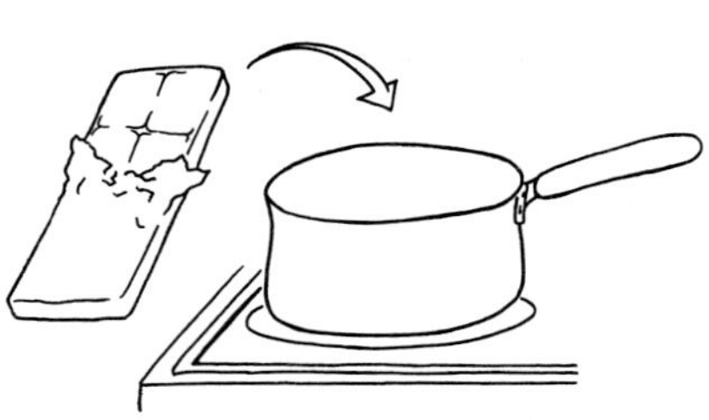

Rezept: Schoko-Crossies (1)

Gruppe 3

Name: ______________________ Datum: ____________

Verbinde Wort und Bild.

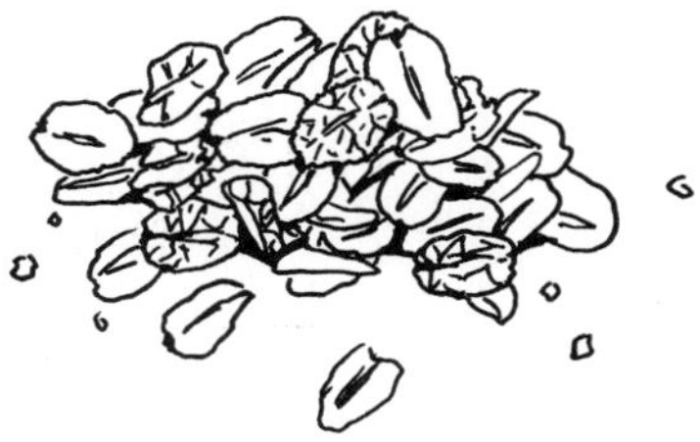

1 Tafel Schokolade

Cornflakes

Mandelstifte

Haferflocken

Rezept: Schoko-Crossies (2)

Name: ______________________ Datum: ______________

Lies genau.

Schreibe die Arbeitsschritte zum passenden Bild.

Alles verrühren.
Schokolade schmelzen.
Kleine Häufchen formen.

Arbeitsschritte:

1. 

Sch ______________________

2. 

A ______________________

3. 

Kl ______________________

Name: ______________________ Datum: ______________

Schreibe die Zutaten auf.

1 Tafel Sch ______________________

Corn ______________________

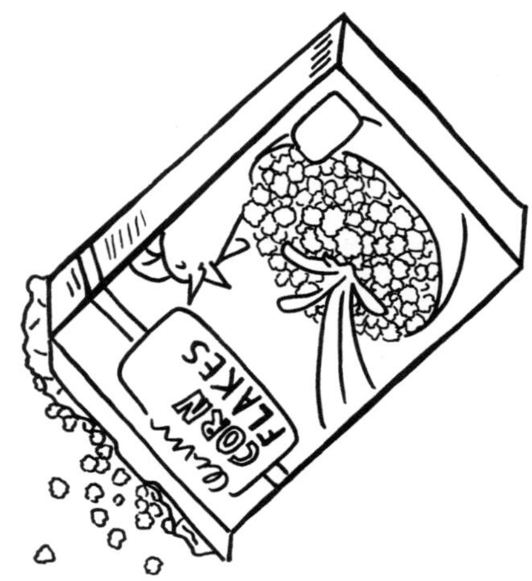

M ______________________

H ______________________

Name: ______________________ Datum: ____________

Lies genau.

Schreibe die Arbeitsschritte zum passenden Bild.

Alles verrühren.
Schokolade schmelzen.
Kleine Häufchen formen.

Arbeitsschritte:

1. 

____

2. 

____

3. 

____

1. Stationenarbeit

Station 1: Lichterglanz und Kerzenschein

Material:
- **Gruppe 1:** DIN-A4-Papier einfarbig, Kopiervorlage (S. 65), Papier zum Basteln (je nach Belieben Goldpapier, Tonpapier, Wellpappe, Transparentpapier), ggf. Streichhölzer, Plusterstift (im Bastelladen erhältlich) bzw. Fingerfarbe oder Stempel
- **Gruppe 2–4:** Kopiervorlagen (S. 66–68)

Arbeitsaufträge Gruppe 1:
- Gedicht zum Thema Kerze/Licht auf einen Step-by-Step sprechen; die Schüler hören sich dies zunächst selbst an und können es später im Schlusskreis den Mitschülern vortragen.
- Passende Adventsgedichte finden Sie z. B. unter: www.weihnachtsgedichte24.de, z. B. „Zünd ein Lichtlein an" oder „Der Stern" von Christina Telker.
- Schüler kleben auf jeweils eine DIN-A4-Seite einen/mehrere Sterne und eine/mehrere Kerzen aus Wellpappe, Alufolie, Transparentpapier, Goldpapier oder Streichhölzern und schreiben mit Fingerfarbe, Plusterstift oder Stempeln das Wort „Stern" oder „Kerze" darunter.

Station 2: Eine Sternengirlande herstellen (Gruppe 1) / Mathe-Sterne

Material:
- **Gruppe 1:** Sterne aus unterschiedlichem Material, Lichterkette, Pappe, Kopiervorlage (S. 69) zum Herstellen von Sternen aus Pappe, Step-by-Step mit Arbeitsanweisungen (siehe unten)
- **Gruppe 2–4:** Kopiervorlagen (S. 70–72)

Arbeitsaufträge Gruppe 1 (zur Auswahl):
- Sterne aus unterschiedlichem Material erfühlen, Zacken zählen, nach Sternen greifen (Motorik)
- Lichterkette: Anzahl der Lampen zählen, zu Mitschülern fahren und mit Step-by-Step fragen: „Wie viele Lampen hat meine Lichterkette?" – Mitschüler müssen zählen, Antwort wird auf kleinem Zettel dokumentiert
- visuelle + motorische Übung: verschiedenfarbige und unterschiedlich große Sterne aus Pappe auf großen, schwarzen Pappkartonbogen legen, Schüler muss gezielt danach greifen

Eine Sternengirlande herstellen:
- mithilfe der Kopiervorlage Sterne aus Pappe oder buntem Papier vorbereiten (entsprechend der gewünschten Girlandenlänge)
- Step-by-Step mit Arbeitsanweisungen besprechen, die sich der Schüler dann selbst anhören kann

  Arbeitsanweisungen könnten wie folgt lauten:
  - Du stellst eine Sternengirlande her.
  - Dafür brauchst du 5 Sterne.
  - Zähle 5 Sterne ab.
  - 1, 2, …

  – Nun hängst du die 5 Sterne mit Unterstützung zu einer Girlande zusammen.
- Alternativ kann man auch bunte Sterne vorbereiten und die Schüler farbige Sterne aussuchen lassen.
- Bei Zeit und guter Besetzung kann man auch noch eine zweite Girlande bauen lassen mit z. B. 10 Sternen. So hat der Schüler gleichzeitig eine tolle Dekoration für das Klassenzimmer geschaffen.

Station 3: Weihnachtslichter basteln

Material:
- **Gruppe 1–4:** Butterbrottüten, Buchstaben-Stempelset und Stempelkissen, ggf. Motivstempel Weihnachten, Teelichter, Gläser, Bastelanleitung (S. 73)

Station 4: Fühl-Labyrinth (Gruppe 1) / Labyrinthe

Material:
- **Gruppe 1:** großes Poster, Kleister, Paketschnur, Wellpappe, Kopiervorlage Stern/Sternschnuppe (S. 74)
- **Gruppe 2–4:** Kopiervorlagen (S. 75/76)

Arbeitsauftrag Gruppe 1:
Ein „Fühl-Labyrinth" selbst erstellen:
- Wellpappenstern und -sternschnuppe möglichst weit voneinander entfernt auf ein Poster kleben
- Paketschnur in Kleister baden
- mit der Paketschnur vom Wellpappenstern einen Weg mit Kurven bis zur Wellpappensternschnuppe legen; trocknen lassen
- anschließend können die Mitschüler den „Weg zur Sternschnuppe" nachfahren

2. Zusatzangebote

Memo-Spiel: „Kerzen und Sterne“

Material:
- **Gruppe 1–4:** Kopiervorlage (S. 77/78) zur Herstellung des Memo-Spiels.

Vorbereitung:
- Memory-Karten doppelt kopieren, dabei ggf. vergrößern
- Memory-Karten ggf. anmalen, auf Pappe kleben und/oder laminieren und ausschneiden

Durchführung:
Es gibt 18 Kartenpaare. Je nach Wahrnehmungsleistungen der Schüler muss man zuvor bestimmte Kartenpaare aussuchen, um das Spiel dadurch etwas einfacher zu machen. Wir empfehlen 2–3 Spieler pro Memo-Set.
Natürlich kann es auch für schwächere Schüler als einfaches Zuordnungsspiel genutzt werden.

Bastelanleitung: Wir gestalten eine Kerze

Material:
- **Gruppe 1–4:** Bastelanleitung (S. 79), pro Schüler eine Stumpenkerze, verschiedenfarbige Wachsplatten und Kerzen-Pens (beides im Bastelladen erhältlich), Ausstechformen, ggf. Cuttermesser

Laufzettel von

Male für jede fertige Station einen Stern an.

Name: ______________________ Datum: ______________

Bastelvorlage Stern/Kerze

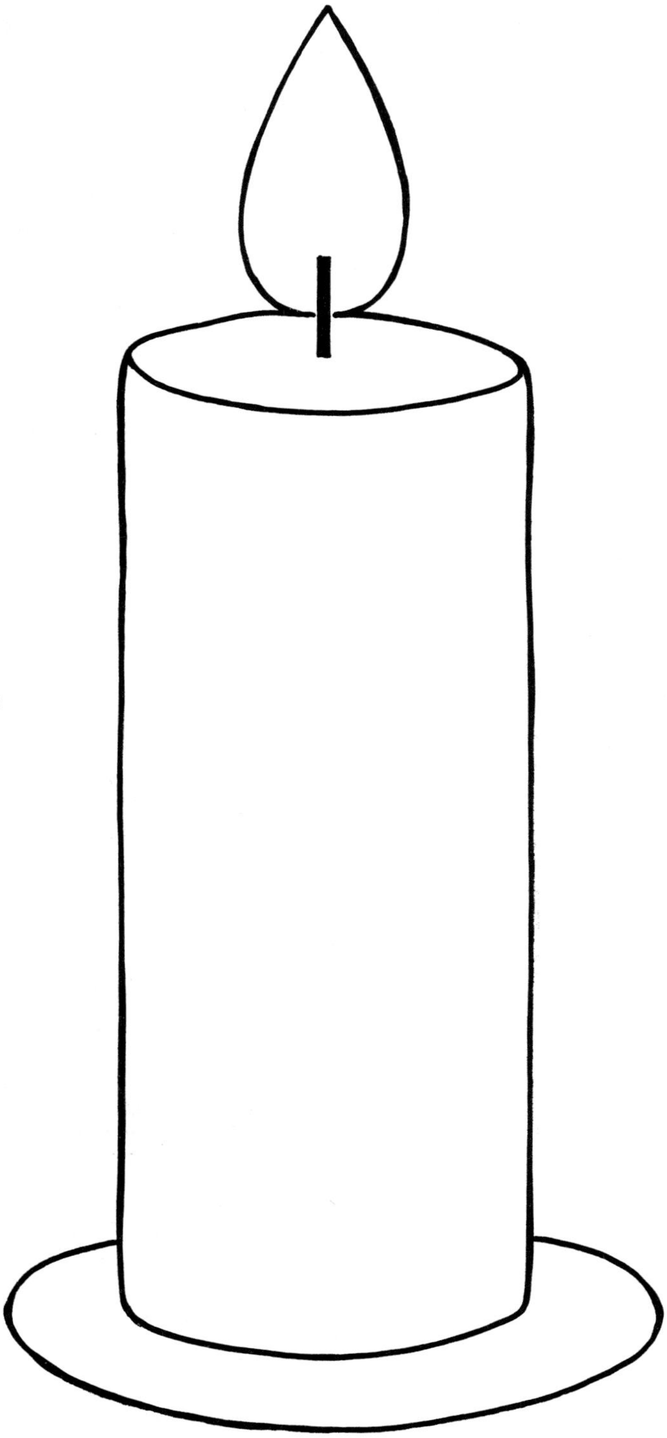

Hinweise für Betreuer/Assistent:

- Schüler hören sich das Gedicht mithilfe des Step-by-Step an.
- Anschließend gestalten die Schüler eine „Stern- bzw. Kerzenseite“:
  - einen/mehrere Sterne bzw. eine/mehrere Kerzen aus Wellpappe, Alufolie, Transparentpapier, Goldpapier oder Streichhölzern auf eine farbige DIN-A4-Seite kleben
  - mit Fingerfarbe, Plusterstift oder Stempeln das Wort „Stern“/„Kerze“ darunterschreiben

Name: ______________________ Datum: ______________

Verbinde das Bild mit dem passenden Wort.

Spure die Wörter nach.

Schreibe jedes Wort noch einmal selbst.

Stern ______________________

Kerze ______________________

Kreise das Wort Stern ein.

Stall Stern Stroh Stern Sau Suppe Stern

Kreise das Wort Kerze ein.

Katze Kerze Kerze Kamin Kuss Kerze Kälte

Name: ______________________ Datum: __________

Setze die fehlenden Buchstaben ein.

Schreibe das Wort noch einmal selbst.

St • L • Sch • K

☐erze ______________________

☐☐ern ______________________

☐icht ______________________

☐☐☐ein ______________________

Bringe die Buchstaben in die richtige Reihenfolge.
Welches Wort entsteht?

Schreibe es auf.

Male ein Bild dazu.

e n St r ______________________

z e K e r ______________________

Lichterglanz und Kerzenschein

Station 1, Gruppe 4

Name: ______________________________ Datum: ______________

Lies genau.

Immer nur ein Wort passt zum Thema Lichterglanz und Kerzenschein.

Kreise das Wort ein.

Staub	Stern	Stier
Glanz	Geige	Globus
lernen	lispeln	leuchten
Adam	Amsel	Advent
Kerze	Katze	Kiste
Wasserstrahl	Lichtstrahl	Lichtschalter
Flamme	Kanne	Panne
dunkel	hell	düster
witzig	wolkig	warm
besinnlich	belustigt	beschützt

Schreibe zu jedem Bild einen Satz.

____

____

Bastelvorlage Stern

Hinweise für Assistent/Betreuer:
- Aus den vorbereiteten Sternen soll eine Girlande entstehen.
- Der Schüler hört sich mit dem zuvor besprochenen Step-by-Step die Arbeitsanweisungen schrittweise an und setzt sie gestützt um.

Name: ______________________ Datum: ______________

Zähle die ☆ weißen und die ★ schwarzen Sterne!
Wie viele sind es?

Es sind ____________ ☆ weiße Sterne!

Es sind ____________ ★ schwarze Sterne!

Zusammen sind es ☆ + ★ = ____________ Sterne!

Name: ______________________ Datum: ____________

Zähle die ☆ weißen und die ★ schwarzen Sterne!
Wie viele sind es?

Es sind ____________ ☆ weiße Sterne!

Es sind ____________ ★ schwarze Sterne!

Zusammen sind es ★ + ☆ = ____________ Sterne!

Name: ______________________ Datum: ______________

Rechne die Stern-Aufgaben.

Male die Sterne in der richtigen Farbe an.

56 = blau 73 = rot 85 = gelb 63 = grün

100 – 15

18 + 38

52 + 21

74 – 18

61 + 24

25 + 31

82 – 19

99 – 26

Name: ______________________ Datum: ______________

Du brauchst:

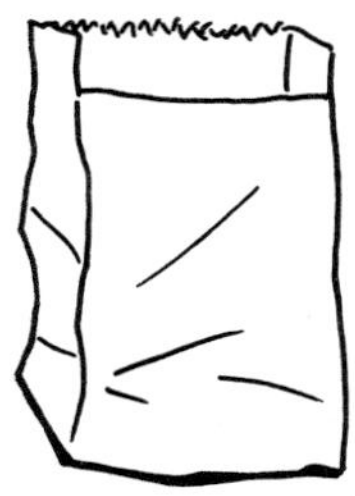

1. Stempel einen Spruch auf deine Tüte.

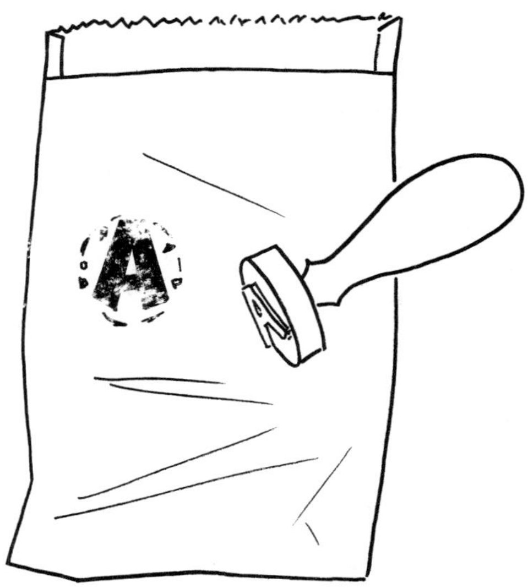

2. Stelle ein Teelicht in dein Glas.

3. Stelle das Glas in deine Tüte.

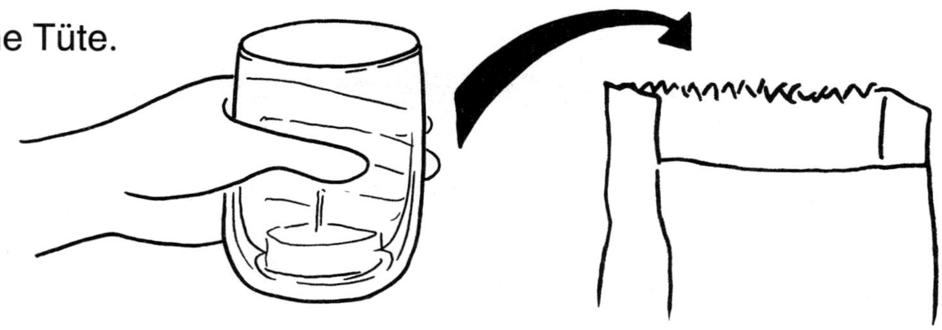

Sprüche zur Auswahl:

- Frohes Fest!
- Trag in die Welt ein Licht!
- Schöne Weihnachten!
- Es leuchtet hell!
- Kerzenschein!
- Eigene Idee: ______________________

Vorlagen Stern/Sternschnuppe, ggf. vergrößern

Hinweise für Betreuer/Assistent:

Ein „Fühl-Labyrinth" selbst erstellen:

- Wellpappenstern und -sternschnuppe möglichst weit voneinander entfernt auf ein Poster kleben
- Paketschnur in Kleister baden
- mit der Paketschnur vom Wellpappenstern einen Weg mit Kurven bis zur Wellpappensternschnuppe legen; trocknen lassen
- anschließend können die Mitschüler den „Weg zur Sternschnuppe" mit geschlossenen Augen nachfahren

Name: ______________________ Datum: ______________

Finde den Weg vom Stern zur Sternschnuppe.

Finde den Weg vom Streichholz zur Kerze.

Name: ______________________ Datum: ______________

Finde den Weg vom Stern zur Sternschnuppe.

Finde den Weg von der Lichterkette zur Steckdose.

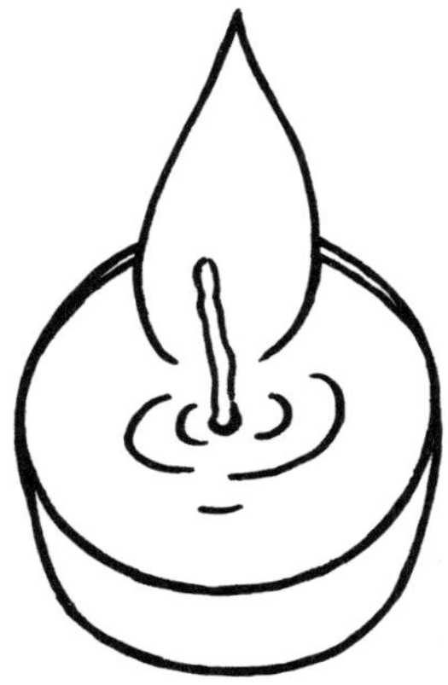

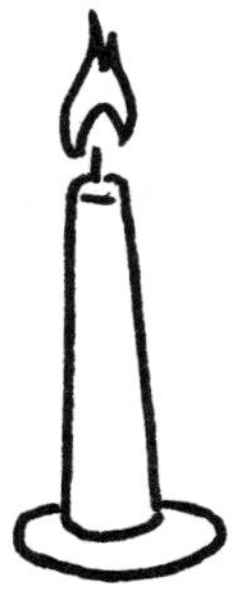
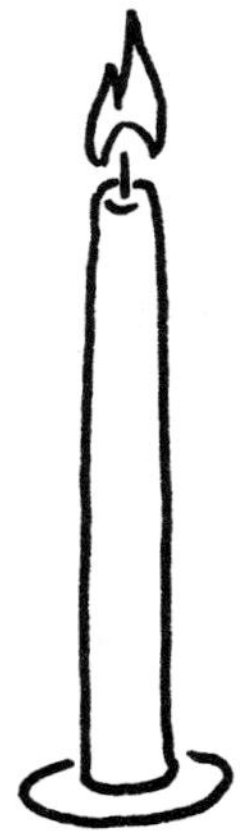

Memo-Spiel: Kerzen und Sterne (2)

Gruppe 1–4

Bastelanleitung: Wir gestalten eine Kerze

Gruppe 1–4

Name: ______________________ Datum: ____________

Du brauchst:

- 1 Stumpenkerze
- Ausstechformen
- Wachsplatten in unterschiedlichen Farben
- Kerzen-Pen
- Cuttermesser

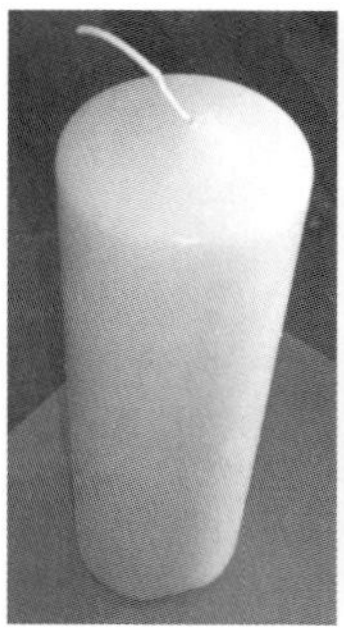
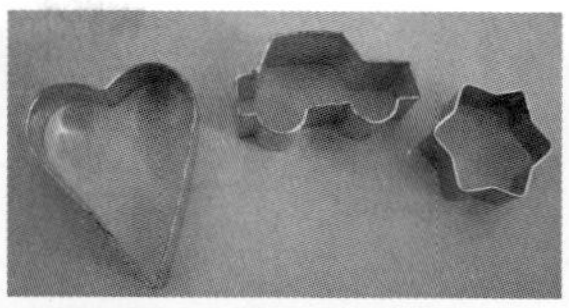
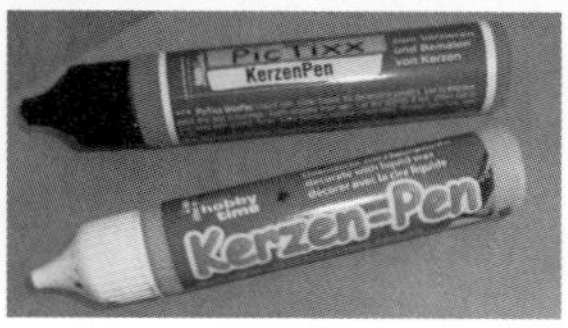

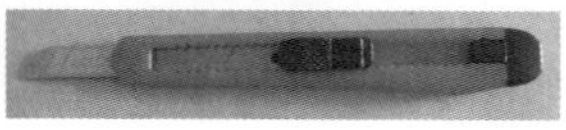

Du kannst deine Kerze auf unterschiedliche Weise gestalten:

Möglichkeit 1

mit Ausstechformen Dinge ausstechen und mit den Fingern auf die Kerze drücken

→

Möglichkeit 2

mit dem Cuttermesser eigene Ideen ausschneiden und mit den Fingern auf die Kerze drücken

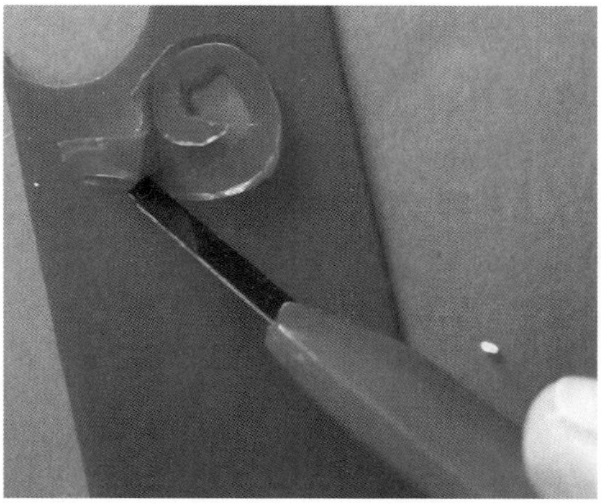
→

Möglichkeit 3

Kerze mit einem Wachs-Pen bemalen oder beschriften

Wochenthema 4: Vorfreude auf Weihnachten

1. Stationenarbeit

Station 1: Weihnachtswörterbuch (Gruppe 1) / Weihnachtswörter

Material:
- **Gruppe 1:** DIN-A4- oder A5-Seiten einfarbig, Buchstabenstempel, Plusterstift (gibt es im Bastelladen) oder Fingerfarbe; ggf. veranschaulichendes Material, Kopiervorlagen (S. 84/85)
- **Gruppe 2–4:** Kopiervorlagen (S. 86–89)

Arbeitsauftrag Gruppe 1:
Die Schüler erstellen ein kleines Wörterbuch mit weihnachtlichen Begriffen:
- Deckblatt in entsprechender Größe kopieren und anmalen lassen bzw. Schrift mit Schülern nachspuren
- Buchseiten: Jedes der 9 Bilder (S. 85) wird auf eine Seite geklebt, der Begriff darunter gestempelt oder mit Plusterstift oder Fingerfarbe geschrieben.
- Anschließend werden die Seiten plus Deckblatt gelocht und mit einem Band zusammengebunden.
- Idee: Bei einigen Begriffen können auch gern Materialien mit aufgeklebt werden (z. B. Geschenk: Geschenkpapier, Ringelband).

Station 2: Weihnachtsrechnerei

Material:
- **Gruppe 1:** großer Tannenbaum aus Pappe (oder großen Tannenbaum an Tafel zeichnen), Kugeln, Sterne und Kerzen aus Pappe vorbereiten, Lametta, Klebestift, ggf. Magnettackis (falls an der Tafel gearbeitet wird), Step-by-Step mit Arbeitsanweisungen, wie der Baum zu schmücken ist (z. B. „Hänge 6 Kerzen an den Baum. Schmücke ihn mit 4 Kugeln. Hänge einen Stern an die Spitze. Versuche 3 Lamettaketten auf dem Baum zu verteilen.")
- **Gruppe 2–4:** Kopiervorlagen (S. 90–93)

Arbeitsauftrag Gruppe 1:
Folgende kurze Information für Assistent/Betreuer <u>bitte kopieren und mit an Station legen oder vorher besprechen</u>:
Der Schüler schmückt den Weihnachtsbaum aus Pappe / den Weihnachtsbaum an der Tafel:
- Schüler hört sich Arbeitsaufträge vom Step-by-Step selbstständig an und führt sie an der Tafel aus bzw. klebt die Gegenstände mit Klebestift auf die Pappvorlage.
- Der Weihnachtsbaum aus Pappe wird an einem für alle sichtbaren Platz aufgehängt.

Station 3: Baumschmuck basteln

Material:
- **Gruppe 1–4:** dicke Filzplatten, Herz- und Sternschablonen aus fester Pappe, Schmuck- und Glitzersteine, Bastelkleber, Band, Lochzange, Schere, Filzstift, Bastelanleitung (S. 94)

Station 4: Geschenk einpacken

Material:
- **Gruppe 1–4:** pro Schüler eine Tafel Schokolade (als Geschenkinhalt), Geschenkpapier, Schere, ggf. elektr. Schere für Gruppe 1, Tesafilm, Ringelband, Kopiervorlage (S. 95)

2. Zusatzangebote

Weihnachts-Domino

Material:
- **Gruppe 1 + 2:** Bild-an-Bild Domino Kopiervorlagen (S. 96/97)
- **Gruppe 3 + 4:** Wort-Bild-Domino Kopiervorlagen (S. 98/99)

Vorbereitung:
Spielkarten entsprechend der Anzahl an Schülergruppen auf dicke Pappe kopieren, ausschneiden und ggf. kolorieren und laminieren

Spielanleitung:
- Das Spiel wird in Kleingruppen zu dritt gespielt.
- Jeder Spieler erhält fünf Domino-Karten, die restlichen Karten werden in der Mitte gestapelt.
- Es gelten die allgemeinen Domino-Regeln:
  - Zu Beginn wird die oberste Karte vom Stapel aufgedeckt.
  - Der jüngste Spieler beginnt und legt, wenn möglich, eine seiner Karten Bild an Bild bzw. Bild an Wort an.
  - Wer kein passendes Bild/Wort hat, muss eine Domino-Karte vom Stapel ziehen.
  - Ist der Stapel aufgebraucht, und ein Spieler kann keine Karte anlegen, muss er aussetzen.
- Wer als Erster alle seine Domino-Karten anlegen konnte und keine Karten mehr hat, hat gewonnen.

Bastelanleitung: Sandbilder als Weihnachtskarten

Material:

- **Gruppe 1–4:** blanko Papp- oder Grußkarten, doppelseitiges Klebeband, farbiger Sand (Bastelladen oder Internet z. B. unter www.sandelfe.com), Cuttermesser, Vorlagen für Formen, Permanentmarker, Unterlage, Anleitung (S. 100/101)

Tipps und Hinweise:

Man sollte als Lehrkraft vor der Kunststunde das Anfertigen von Sandbildern zunächst selbst einmal ausprobieren, damit man wirklich weiß, wie es funktioniert.

Der Sand ist ziemlich ergiebig, v. a. wenn man Überschüsse auffängt und weiternutzt. Daher reichen kleine Portionsbeutel vermutlich vorerst aus. Es gibt diverse Farben, sodass man alle weihnachtlichen Farben zur Verfügung hat. Sowohl Karten mit vorgefertigten Motiven (Stern, Baum etc.) als auch eigene Kreationen der Schüler stellen wunderschöne Kunstwerke dar und bieten eine nette Abwechslung zu den üblichen Weihnachtskarten.

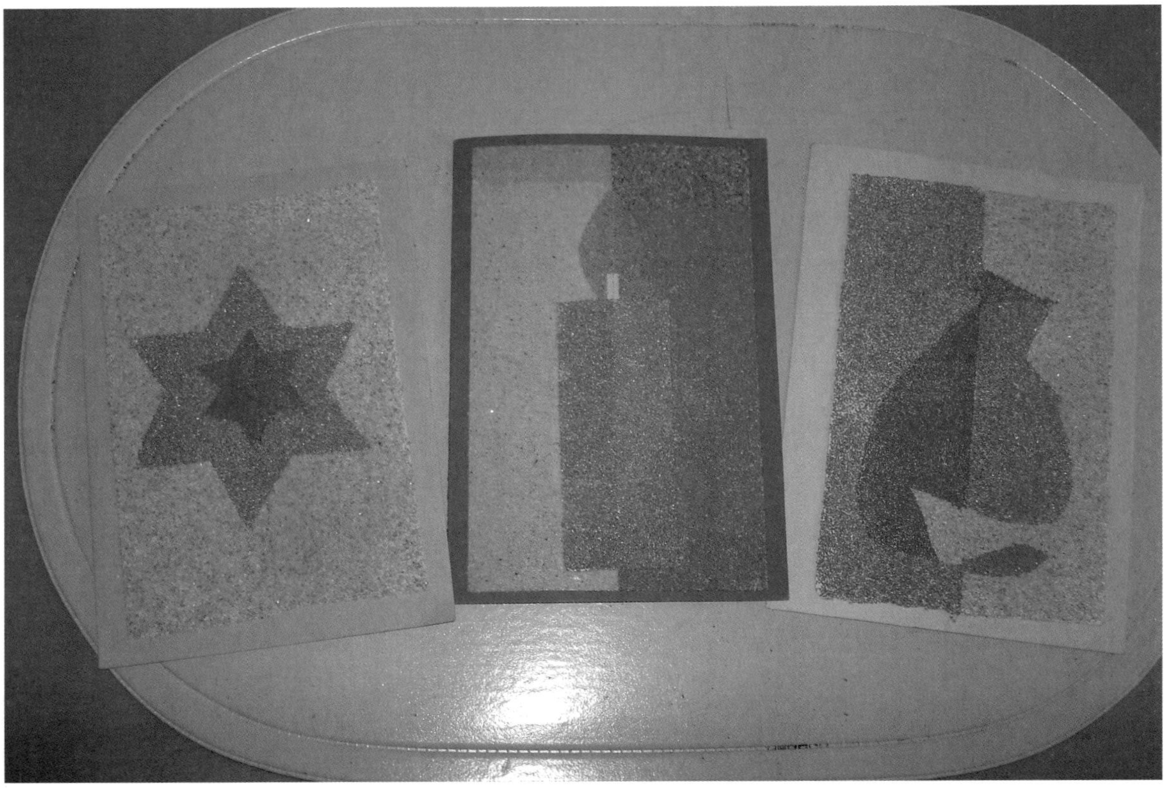

Laufzettel von

 **Male für jede fertige Station einen Weihnachtsbaum an.**

Hinweise für Betreuer/Assistent:

- Deckblatt: ausschneiden, anmalen lassen, Schrift mit Schüler nachspuren
- Buchseiten: Jedes der 9 Bilder wird auf eine Seite geklebt, der Begriff darunter gestempelt oder mit Plusterstift oder Fingerfarbe geschrieben.
- Zum Schluss werden die Seiten plus Deckblatt gelocht und mit einem Band zusammengebunden.

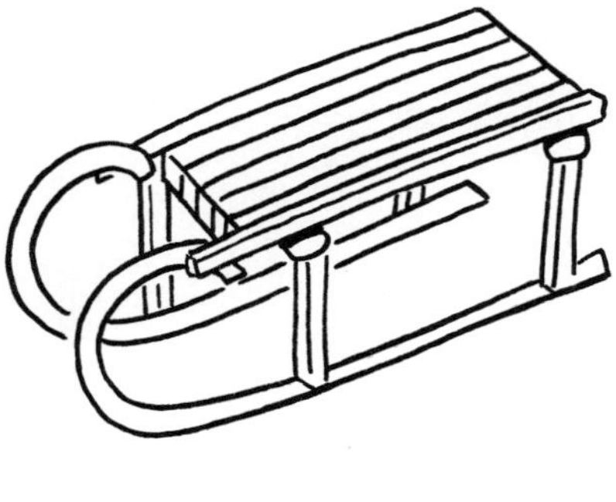

Weihnachtswörter

Station 1, Gruppe 2

Name: ______________________ Datum: ______________

Verbinde das Bild mit dem passenden Wort.

Spure den Anfangslaut nach.

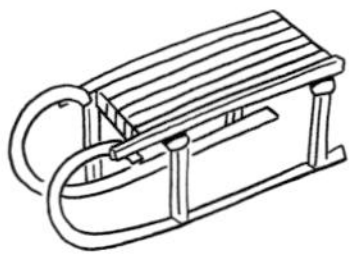

Geschenk

Schlitten

Stern

Engel

Weihnachtsmann

Kugel

Baum

Glocke

Name: ______________________________ Datum: ______________

Setze die fehlenden Endlaute ein.

Enge____

Kerz____

Bau____

Sa________ (g oder ck)

Geschen____

Kuge____

Ster____

Weihnachtsma________ (mm oder nn)

Glock____

Schlitte____

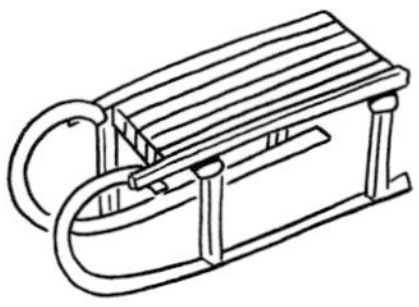

Streichhol____

Name: ______________________ Datum: ______________

Suche die 9 versteckten Wörter im Weihnachtsbaum-Suchsel.

						S							
						S	F						
					O	T	Q	L					
					T	E	M	K					
				M	I	R	P	K	S				
				E	S	N	N	U	Ü				
			A	U	C	F	G	G	V	D			
		B	X	G	D	H	E	E	A	J	Ö		
		F	F	F	G	F	S	L	P	U	F		
		E	N	G	E	L	C	K	F	P	V		
	K	B	U	Z	F	Y	H	F	E	R	S	C	
	I	A	F	X	F	B	E	U	L	I	A	F	
L	Z	U	Q	F	A	F	N	F	W	F	C	P	E
F	R	M	G	L	O	C	K	E	F	V	K	F	I
		W	R	F	K	E	R	Z	E	T	O		
				A	F	G	Z	U	L				
						R	W						
						L	A						

Weihnachtswörter (2)

Station 1, Gruppe 4

Name: ______________________ Datum: ____________

Schreibe die 9 Wörter aus dem Weihnachtsbaum-Suchsel auf.

Name: ______________________ Datum: ____________

Zähle die Dinge.

Schreibe die richtige Zahl auf.

Ich sehe ...

 = ☐

 = ☐

 = ☐

 = ☐

 = ☐

 = ☐

Name: ______________________ Datum: ______________

Zähle die Dinge.

Name: ______________________ Datum: ____________

Schreibe die richtige Zahl auf

Ich sehe …

Rechne.

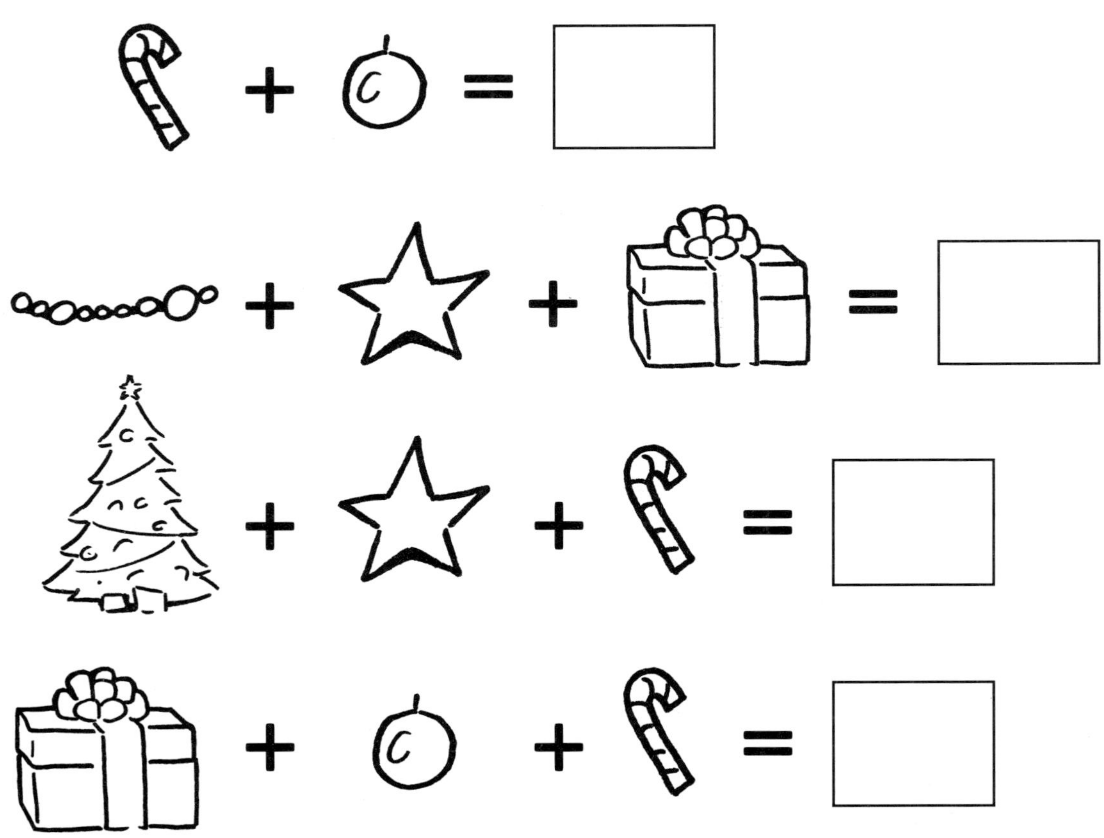

Name: ______________________ Datum: ____________

Löse die Textaufgaben.

Lotte muss insgesamt 20 Kerzen an den Baum hängen.
Sie hat bereits 6 Kerzen aufgehängt.
Wie viele Kerzen muss sie noch aufhängen?

Aufgabe: ______ – ______ = ______

Lotte muss noch ______ Kerzen an den Baum hängen.

Jan hat schon 5 Geschenke gepackt.
Er muss noch 9 Geschenke verpacken.
Wie viele Geschenke sind das insgesamt?

Aufgabe: ______________________________

Jan muss insgesamt ______ Geschenke verpacken.

Der Verkäufer hat insgesamt 25 Weihnachtsbäume.
Er hat schon 9 Bäume verkauft.
Wie viele Bäume hat er noch?

Aufgabe: ______________________________

Der Verkäufer hat noch ______ Bäume.

Mia hat schon 7 Weihnachtskarten geschrieben.
Sie muss noch 9 Karten schreiben.
Wie viele Karten sind das insgesamt?

Aufgabe: ______________________________

Mia muss insgesamt ______ Karten schreiben.

Persen Frauke Schüder/Iris Wollenheit: Lernstationen Weihnachten

Name: ______________________ Datum: ______________

Du brauchst:

1 Stück Filz

1 Stift

1 Stern- oder Herzschablone

1 Schere

1 Kleber

Schmucksteine, Glitzer etc.

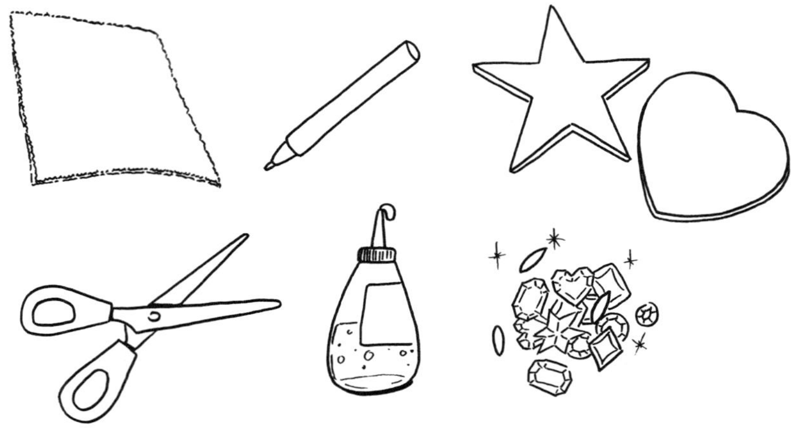

Und so geht's:

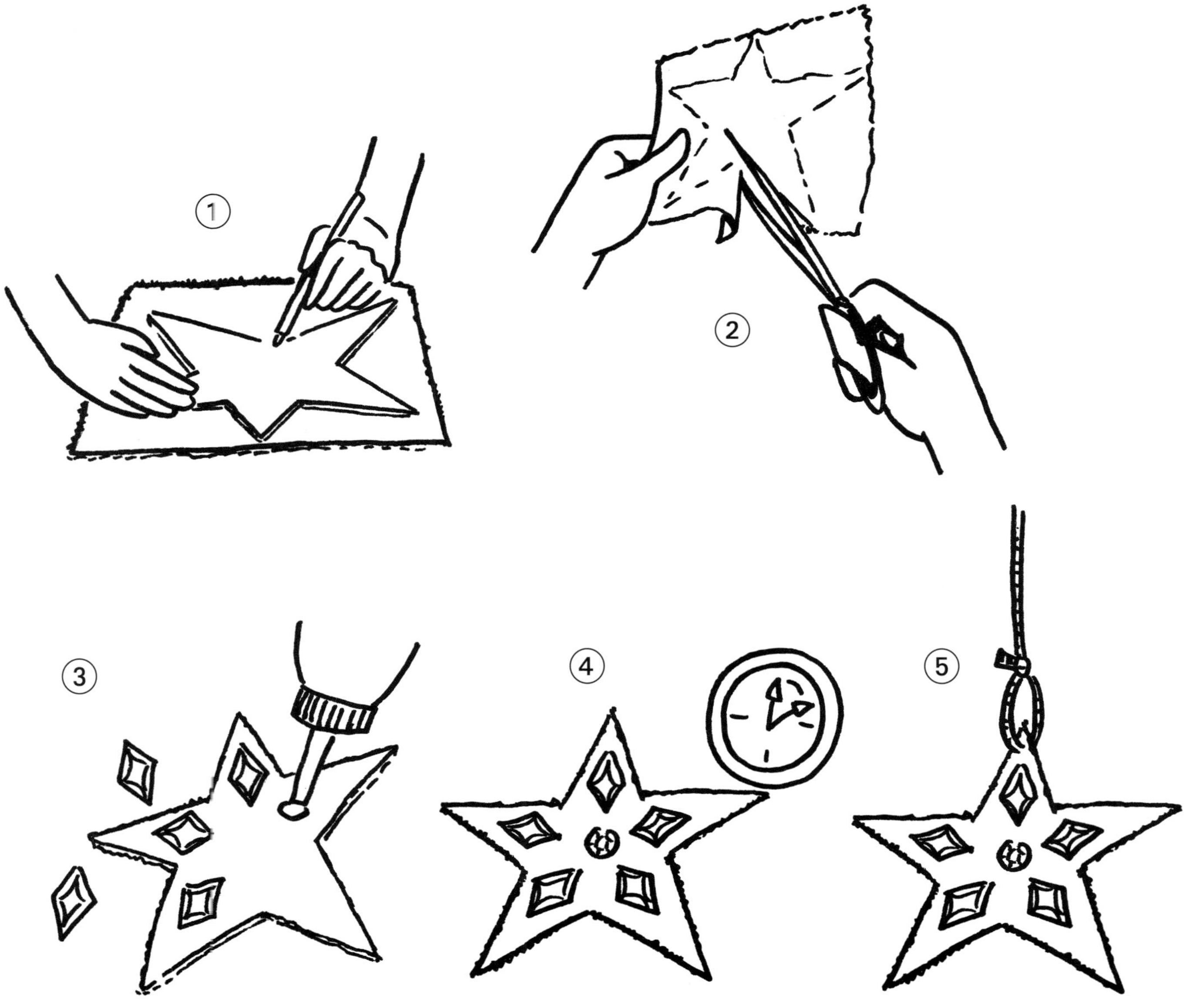

Geschenk einpacken

Station 4, Gruppe 1–4

Name: ______________________ Datum: ____________

Du brauchst:

Schere

Tesafilm

Ringelband

Geschenkpapier

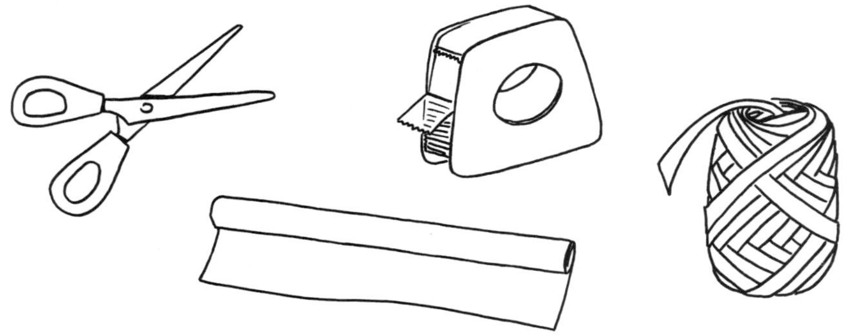

Und so geht's:

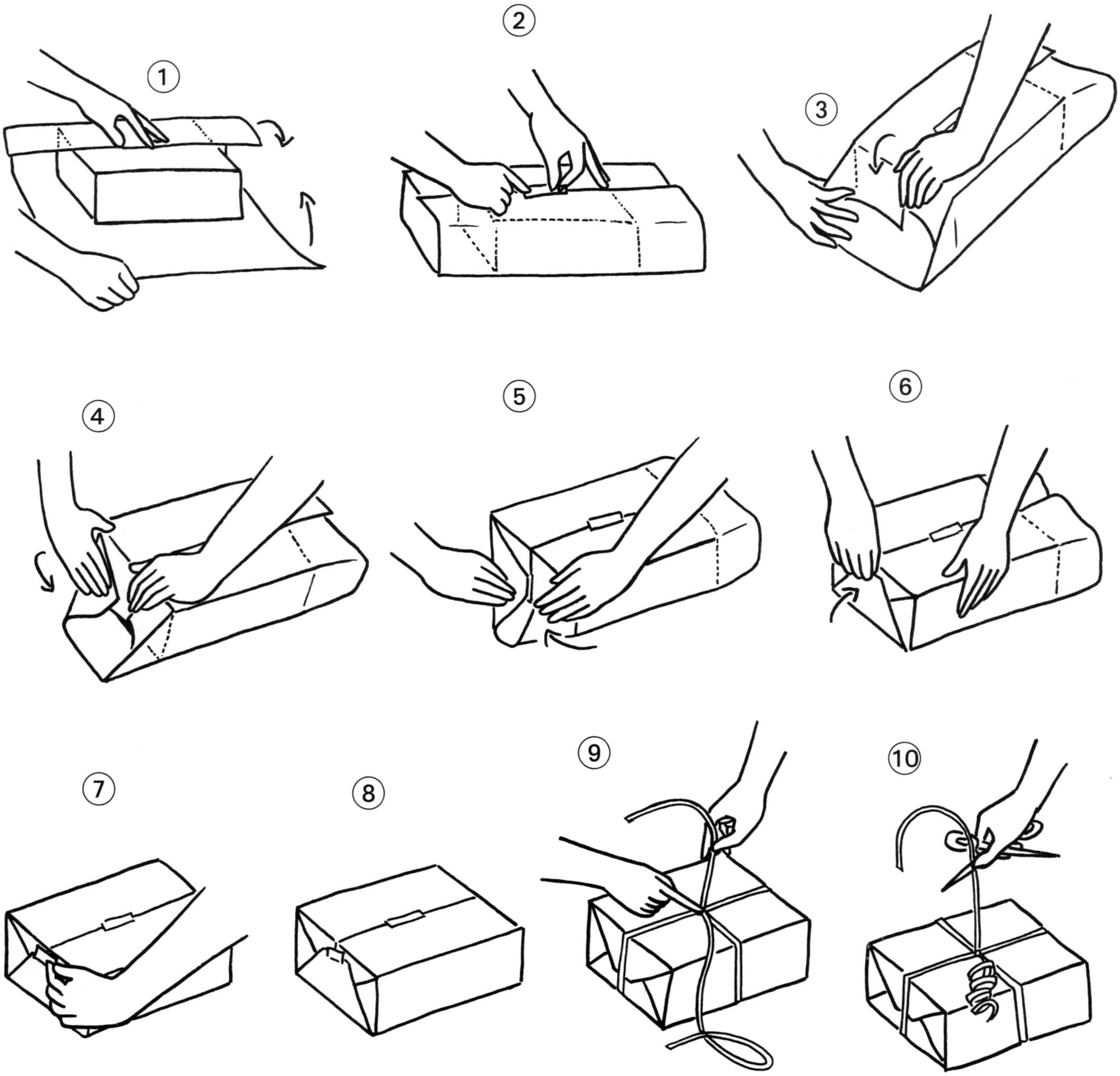

Weihnachts-Domino (Bild-an-Bild 1)

Gruppe 1 + 2

	Weihnachtsmann		Strohstern
	Glocke		Sternschnuppe
	Kekse	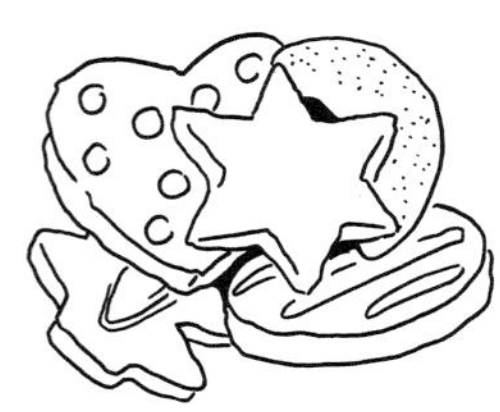	Schneeflocke
	Engel		Krippe
	Schleife		Kranz

	Schaf		Hirte
	Apfel		Tannenbaum
	Zimt	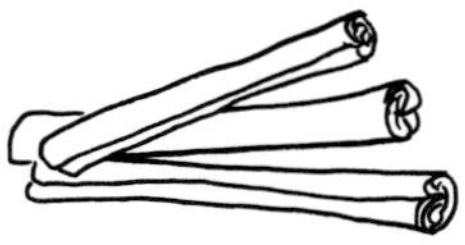	Geschenk
	Anisstern		Sack
	Kerze		Stern

Bastelanleitung: Sandbilder als Weihnachtskarten (1)

Material:

- blanko Pappkarten/Grußkarten in unterschiedlichen Farben
- doppelseitiges Klebeband (Teppichklebeband)
  Tipp: Markenk.ebeband lässt sich besser verarbeiten
- Schere
- Permanentmarker
- Cuttermesser (Umgang mit den Schülern unbedingt zuvor besprechen und Schüler nie unbeaufsichtigt lassen!)
- ggf. Schablonen zum Aufmalen
- bunter Sand in Schüsseln, Löffel

Anleitung:

1. Doppelseitiges Klebeband in 2 Bahnen nebeneinander auf eine blanko Pappkarte kleben.

2. Einfache weihnachtliche Motive (Stern, Weihnachtsbaum, Kerze) mithilfe von Schablonen auf die Klebebandfläche zeichnen (vermutlich benötigen Schüler dabei Hilfe). Alternativ: Schüler eigene Muster frei „ritzen“ lassen.

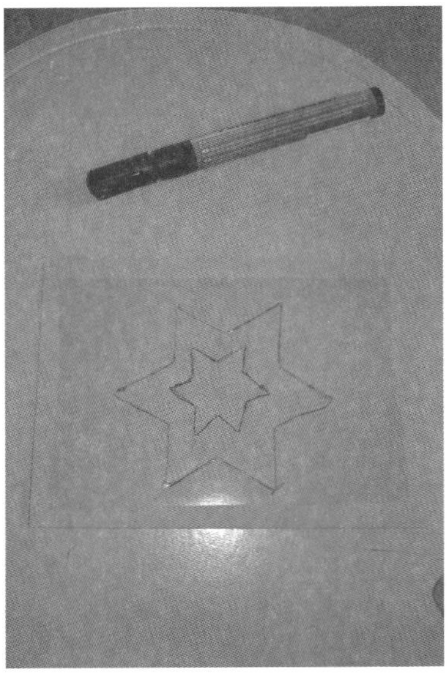

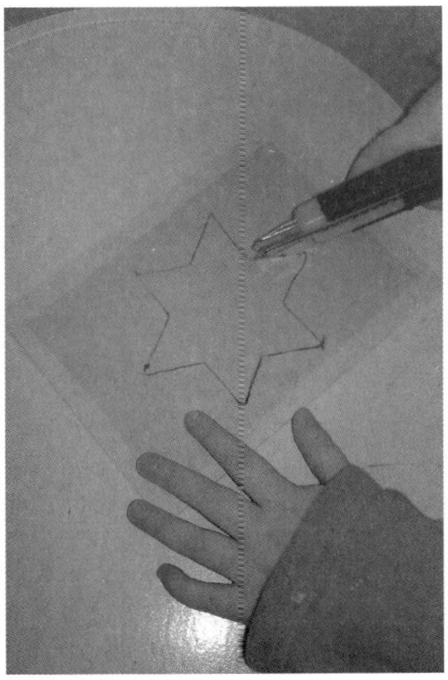

3. Falls Motive vorgezeichnet wurden, so werden nun die Konturlinien mit dem Cuttermesser eingeritzt.

4. Dann kommt der erste farbige Sand an die Reihe. Zuerst eine Sandfarbe auswählen, dann beim ersten „Objekt“ die Folie abziehen (hat man z. B. zwei Sterne auf die Karte gemalt, kann man nun den ersten Stern abziehen). Darunter erscheint die Klebefläche. Auf diese wird nun vorsichtig mit einem Löffel der ausgewählte Farbsand gestreut.

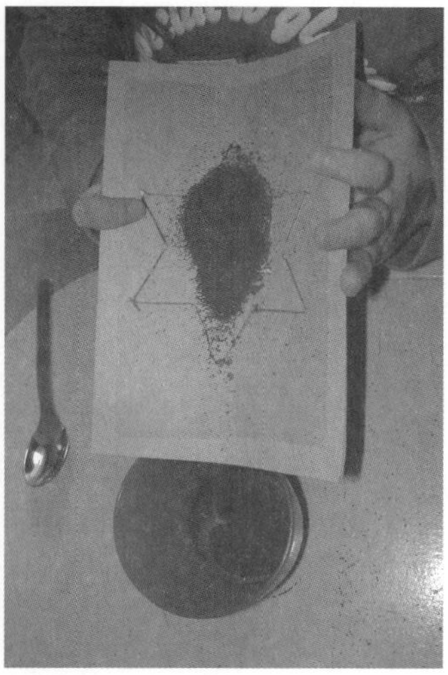

5. Überschüssigen Sand vorsichtig zurück in die Schüssel schütten.

6. Danach bei einem zweiten „Objekt“ die Handlungsschritte von Punkt 4 und 5 wiederholen. Wichtig ist, dass immer nur die jeweils zu bestreuende Fläche von Folie befreit wird, damit nur diese mit Sand beklebt wird.

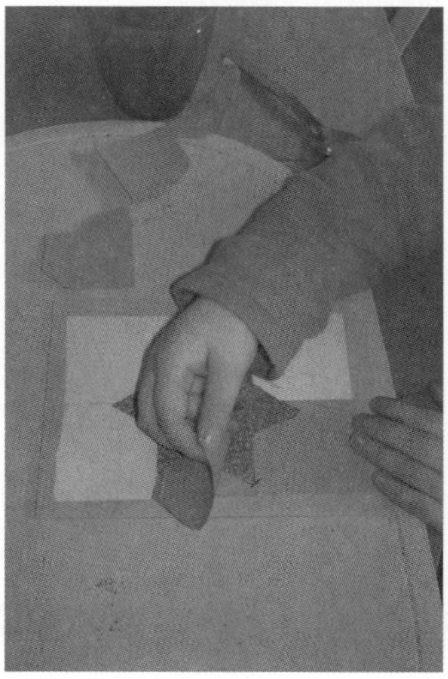

7. Wenn alle geritzten „Objekte“ bestreut wurden, löst man zum Schluss die restliche Klebefolie ab und gestaltet den Hintergrund mit Sand.

Station 1

Station 2

Station 3

Station 4

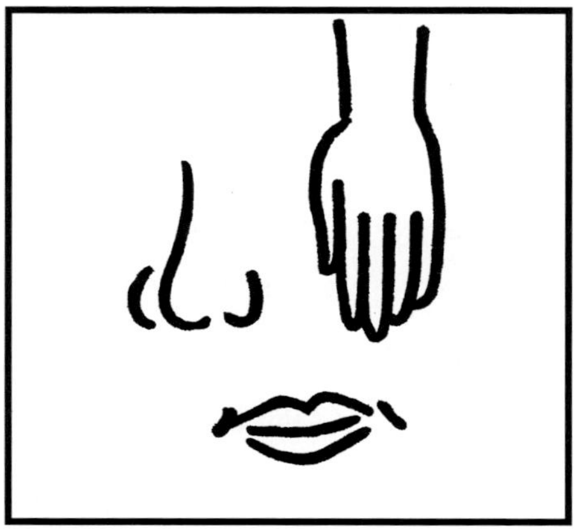